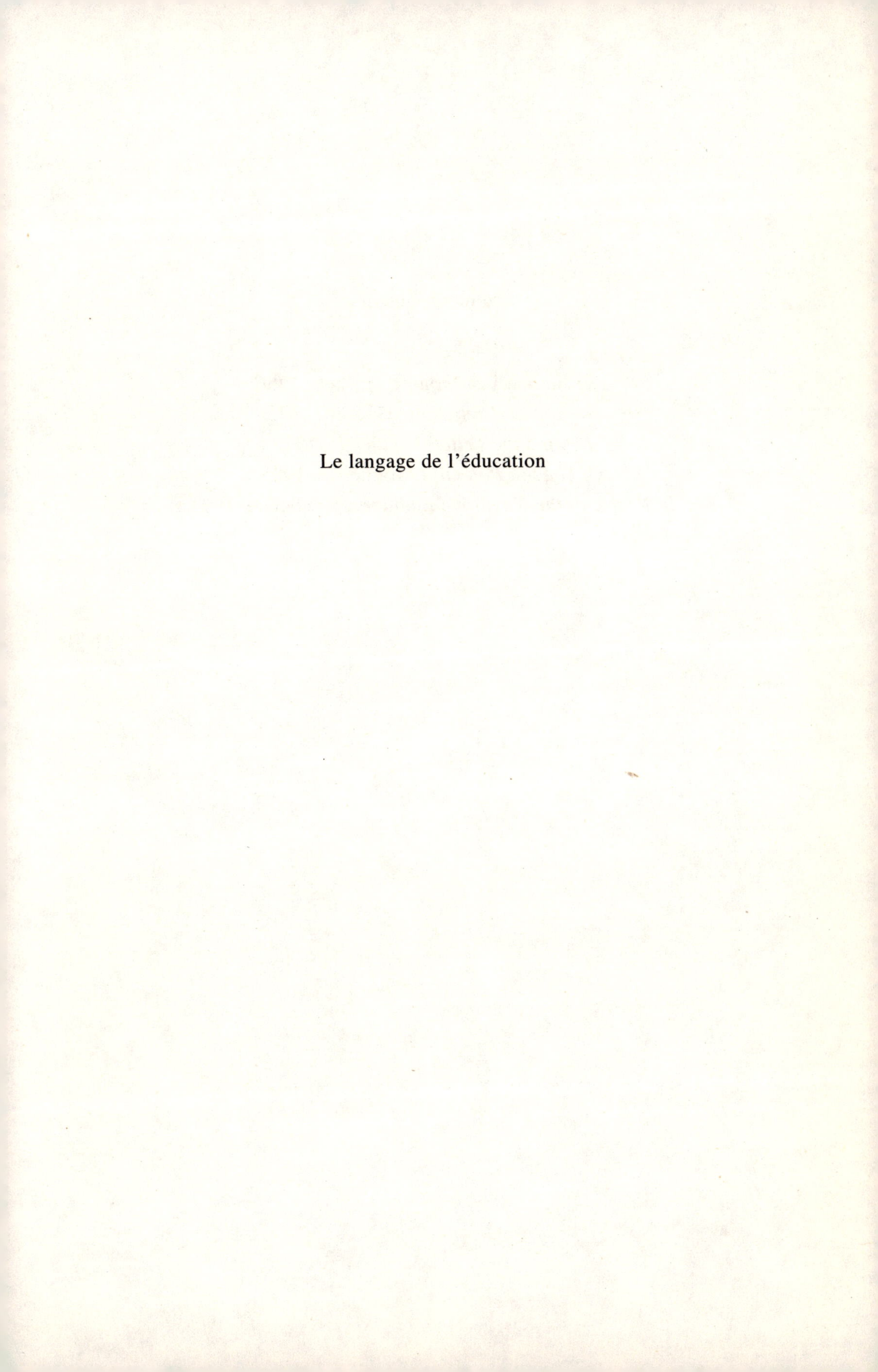

Le langage de l'éducation

du même auteur

The Anatomy of Inquiry, Hackett, 1966
Reason and Teaching, Hackett, 1973
Beyond the Letter, Routledge, 1979
Of Human Potential, Routledge, 1985
In Praise of the Cognitive Emotions, Routledge, 1991

Israel Scheffler

Le langage de l'éducation

présentation et traduction de l'anglais (États-Unis)
par Michel Le Du

Klincksieck

Philosophie de l'éducation
collection dirigée par Bernard Jolibert

13

dans la même collection :

Jacques Ulmann, *La nature et l'éducation. L'idée de nature dans l'éducation physique et dans l'éducation morale*
Bernard Jolibert, *Raison et éducation. L'idée de raison dans l'histoire de la pensée éducative*
Bernard Jolibert, *L'éducation au XX*[e] *siècle. Sources théoriques et problèmes de la pédagogie contemporaine*
Condorcet, *Premier mémoire sur l'instruction publique*
Célestin Hippeau, *L'instruction publique en France pendant la Révolution*
Érasme, *De Pueris. De l'éducation des enfants*
Jean Lombard, *Isocrate. Rhétorique et éducation*
Coménius, *La grande didactique ou l'art universel de tout enseigner à tous*
Fénelon, *Traité de l'éducation des filles*
Saint Thomas d'Aquin, *De l'enseignement (De Magistro)*
Jean-Bernard Mauduit, *Le territoire de l'enseignant. Esquisse d'une critique de la raison enseignante*

édition originale : *The Language of Education*, 1989,
Charles C. Thomas Pub Ltd.

ISBN 2-252-03436-X

Présentation

La philosophie de l'éducation n'est pas en France, il s'en faut de beaucoup, la discipline philosophique la plus appréciée. On peut s'en convaincre ne serait-ce qu'en s'avisant du faible nombre d'ouvrages de philosophie publiés en langue française et dont le titre comporte le terme « éducation ». Beaucoup de bons esprits y voient un ensemble composite, éclectique, mêlant en une synthèse improbable des considérations diverses empruntées à la morale, à la psychologie, à la théorie de la connaissance, etc. Sur la base d'un tel verdict, il est tentant de souscrire à une conclusion désabusée et d'affirmer qu'aucun discours philosophique rigoureux sur l'éducation n'est à espérer. Dans les faits, la philosophie universitaire française a largement déserté le champ éducatif (en revanche, l'éducation et, en particulier, l'éducation scolaire continuent d'occuper une place importante dans les recherches sociologiques et historiques, donnant lieu, à l'occasion, à de remarquables contributions). C'est là une chose regrettable et pour plusieurs raisons :

(1) D'abord, l'abandon relatif du domaine éducatif par les philosophes professionnels a, en gros, coïncidé dans le temps avec la prolifération d'écrits pédagogiques aux statuts fort divers (selon, en particulier, le degré d'élaboration théorique dont ils témoignent). À l'occasion, ces écrits s'inspirent, avec plus ou moins de bonheur, de la littérature philosophique, dans un effort pour fournir une représentation d'ensemble unifiée de l'acte éducatif. La qualité très variable de ces travaux leur a valu à différentes reprises des critiques sévères, spécialement de la part de philosophes. Ce travail de réfutation est sans aucun doute salutaire [1] mais il a aussi eu pour effet,

1. *L'auteur de ces lignes est d'autant moins enclin à mettre en doute le bien fondé de ce type de travaux qu'il y a lui-même contribué (cf. : Hervé*

dans une certaine mesure, de différer la venue de contributions philosophiques directes et positives à la pensée éducative.

(2) Ensuite, en tant qu'enseignants, les philosophes disposent, au même titre que ceux qui pratiquent les autres disciplines, d'une expérience éducative qui mérite d'être explicitée et communiquée.

(3) Enfin, en qualité de spécialistes d'une tradition intellectuelle, ils ont connaissance d'œuvres, de notions et de controverses qui, même si elles ne concernent pas toujours expressément, loin s'en faut, l'éducation, s'avèrent toutefois éclairantes et utiles pour quiconque s'interroge sur cette question. Autrement dit, la contribution potentielle de la réflexion philosophique à l'éducation déborde largement l'ensemble constitué par les ouvrages se réclamant ouvertement de la philosophie de l'éducation. Prenons quelques exemples. On se sentira certainement incliné à aborder différemment certains concepts-clés de la pensée éducative (tels que « règle », « exemple », « compréhension » etc.) à la lumière des remarques de Wittgenstein sur ces notions ; les réflexions bien connues du Ménon *de Platon, de même que la notion cartésienne de méthode ou encore l'idée kantienne d'autonomie offrent de nombreuses pistes à qui réfléchit sur ce que signifient des expressions comme « apprentissage », « formation intellectuelle » ou « éducation morale ». Ces quelques exemples suffisent à suggérer qu'il n'est pas de philosophe important qui n'ait parlé, directement ou indirectement, de l'éducation. On peut d'ailleurs observer que les développements des philosophes traditionnels ou plus récents sur ces questions surpassent fréquemment en rigueur et en profondeur les écrits « spécialisés » qui sont légion, aujourd'hui, sur ce sujet. Il est du coup permis, en comparaison, de regretter que ce patrimoine ne soit pas davantage exploité.*

Le jugement qui précède doit cependant être tempéré par une autre observation. En effet, comme le notait récemment Marcel Gauchet, « il n'y a pour ainsi dire jamais eu de philosophie de la pratique éducative »[2]. Les pensées classiques sont moins ancrées, ajoutait-il, dans des problématiques pratiques que dans des problématiques théoriques

Boillot et Michel Le Du, La pédagogie du vide, *Paris, PUF, 1993). On peut songer également dans cette veine au livre récent très bien écrit et soigneusement informé de Denis Kambouchner,* Une école contre l'autre, *Paris, PUF, 2000).*

2. *Cf. Marcel Gauchet, Marie-Claude Blais, Dominique Ottavi,* Pour une philosophie politique de l'éducation, *Paris, Bayard, 2002, p. 15.*

dont la situation d'enseignement fournit l'illustration. Du coup, « le problème de l'éducation est moins pensé pour lui-même qu'il ne fonctionne comme l'application privilégiée d'une problématique plus vaste ». Cette caractéristique des pensées philosophiques, de Locke à Kant en passant par Rousseau, explique pour partie sans doute la déception ressentie à leur lecture par certains praticiens de l'éducation, et le fait qu'ils se soient tournés vers des discours plus pauvres et moins articulés conceptuellement, mais qui au moins leur ont donné l'impression de faire l'articulation avec la pratique éducative. Précisément, l'un des mérites du livre qu'on va lire est de ne pas chercher du côté de l'éducation l'illustration privilégiée d'un système ou d'une problématique générale préalable, mais d'élucider les concepts fondamentaux impliqués dans les démarches et les décisions éducatives, de façon à éclairer en retour ces dernières.

La situation française est d'autant plus singulière que, précisément, l'éducation entre de façon récurrente dans le débat public, que ce soit sous la forme de prises de position fracassantes (opposant, de façon aussi régulière que le retour des saisons, « pédagogues » et « républicains ») ou sous celle de crises (scolaires et/ou politiques) au cours desquelles les thèmes inusables de l'égalité des chances pour tous, de l'accès à une culture commune, de la démocratisation, etc. sont rituellement évoqués, autant comme expression d'idéaux que comme motifs de revendication, sans que les idées éducatives fondamentales qui leur sont sous-jacentes aient toujours fait au préalable l'objet d'une analyse détaillée[3].

Le tour public et passionné pris ainsi à bien des reprises par le débat a aussi eu pour conséquence fâcheuse de n'attirer l'attention que sur l'éducation scolaire, laquelle, pour importante qu'elle soit

3. *Il est frappant de remarquer à quel point des journaux « sérieux » ressortent immanquablement les oppositions éculées entre « républicains acquis à l'instruction » et « pédagogues attentifs aux élèves », entre partisans des « savoirs », forcément défenseurs des « bastions disciplinaires » et promoteurs d'une conception plus « large » de l'éducation scolaire. Ils le font lors même qu'ils traitent d'ouvrages s'efforçant de montrer, dans ces oppositions prises au pied de la lettre, de caricaturales simplifications. Dans les termes de Scheffler, il conviendrait de dire que nous sommes là devant l'expression de slogans éducatifs (qui se trouvent avoir des rôles mobilisateurs opposés dans un certain nombre de contextes. Voir le chapitre 2). Malheureusement, un grand nombre de commentateurs s'obstinent à les opposer, comme s'il s'agissait d'énoncés doctrinaux contradictoires entre eux.*

dans une société développée, est toutefois loin d'épuiser le champ des pratiques éducatives. Une analyse philosophique sérieuse de l'éducation doit évidemment accorder toute sa place à l'institution scolaire, mais doit aussi être en mesure de proposer une élucidation détaillée de la pensée et du discours éducatifs dans leur diversité, sans être asservie à un champ particulier. À cet égard, l'examen du langage de l'éducation constitue un instrument précieux.

L'ouvrage qu'on va lire déconcertera sans doute, on l'aura compris, ceux qui, sous le label « philosophie de l'éducation », s'attendent à trouver le déploiement majestueux d'un modèle général. Le propos est ici plus modeste, même si, on le verra, en analysant le langage de l'éducation, Scheffler parvient rapidement à des questions fondamentales. Le plus remarquable dans ce livre (et dans le travail de Scheffler de façon générale) réside dans son habileté à conjuguer l'attention à la pratique et au langage de l'éducation et la mobilisation d'outils d'analyse empruntés à la sémantique, à l'épistémologie, etc. Certains jugeront mal inspirée l'attention aux mots, et estimeront que scruter le langage de l'éducation ne peut tenir lieu de philosophie de l'éducation, pas plus que l'analyse du langage de la perception n'est en mesure de tenir lieu de philosophie de la perception[4]. On peut déjà répondre à cette affirmation en rappelant que le langage est partie intégrante du processus éducatif et n'est pas au même degré partie intégrante du fonctionnement perceptif. D'abord, toute une partie de l'éducation a pour objet son acquisition : acquisition de ses formes et de ce qu'il convient de dire dans des contextes déterminés. Ensuite, le langage apparaît comme une médiation indispensable au sein des processus éducatifs : on imagine mal une éducation qui n'impliquerait jamais l'énonciation de règles, la formulation de consignes, de conseils, d'incitations, etc. Bien entendu, il serait hardi d'en conclure que, dans les faits, tout acte éducatif implique un ou plusieurs actes de langage : on peut parfaitement enseigner à quelqu'un par l'exemple, en faisant soi-même ce qu'on veut voir l'autre faire.

Toutefois, une réponse complète à l'objection rappelée à l'instant réclame que soit expliqué ce que Scheffler entend par « analyse philosophique ». Il s'en explique au début de l'ouvrage en indiquant qu'il

4. *On se rappellera que ce reproche avait été adressé en son temps au* Sense and sensibilia *d'Austin.*

s'agit, par la mobilisation de différents outils logiques et sémantiques, d'élucider les concepts de base et d'évaluer les arguments intervenant dans un domaine déterminé. Les analyses linguistiques de Scheffler ne sont jamais purement linguistiques : en faisant varier les contextes, en exhibant certaines compatibilités et incompatibilités, en mobilisant différents paradigmes (comme la relation entre to teach *et* to tell*), il entend à la fois dégager les éléments fondamentaux de la pensée éducative et avancer des distinctions susceptibles d'éclairer l'élaboration de programmes et la mise en œuvre de ces derniers.*

*De l'exploitation du paradigme évoqué à l'instant, laquelle occupe le cinquième chapitre de l'ouvrage, Scheffler dégage un certain nombre de conclusions importantes. D'abord « enseigner » se dit en plusieurs sens : il faut distinguer (1) enseigner que (*to teach that*), (2) apprendre à (*to teach to*) (3) enseigner comment (*to teach how*). De plus, enseigner, selon la célèbre distinction de Ryle, peut être vu tantôt comme un verbe de succès, tantôt comme un verbe d'intention. Par exemple, j'ai enseigné à Jean que Colomb a découvert l'Amérique. Le passé composé, en général, correspond à un emploi de succès (cependant, on peut dire sans contradiction « j'ai enseigné à Jean que Colomb a découvert l'Amérique, mais il n'a pas appris que Colomb a découvert l'Amérique »). Plus volontiers, toutefois, on emploie l'imparfait lorsqu'on est en présence d'un usage intentionnel (« je lui enseignais l'anglais, mais elle n'a pas appris un mot d'anglais »). Notons au passage que, sur ce point comme sur d'autres, la grammaire de surface ne recoupe pas exactement la logique profonde des concepts.*

Un enseignement complexe, comme peut l'être celui d'une langue étrangère, tombe, selon l'aspect auquel on s'attache, sous l'une ou l'autre des catégories distinguées : on enseigne à Marie que « mouton » se dit en anglais mutton *ou* sheep *; on lui apprend à manier les formes linguistiques de politesse requises dans telle ou telle circonstance ; on lui enseigne* comment *rédiger une lettre d'invitation ou de réclamation.*

Lorsque X enseigne à Y que… (laissons de côté l'emploi comme verbe de succès) il vise à lui faire acquérir la connaissance d'un fait, par exemple d'un fait historique, ou d'une vérité générale. Mais « enseigner que » peut aussi avoir une visée normative, comme lorsqu'on X enseigne à Y que l'honnêteté est la meilleure ligne de conduite. Scheffler distingue à cet égard une interprétation active et une interprétation non active. Souscrire à l'interprétation active implique que l'on considère la transgression par Y de la norme de l'honnêteté comme une preuve de l'échec de l'enseignement. À la lumière de l'interprétation passive (à condition d'avoir pris soin de vérifier préalablement la connaissance qu'Y a de la norme à travers les conséquences qu'il en tire lorsqu'on l'interroge), on considérera au contraire que l'enseignement est un succès si les réponses sont correctes et on verra dans la transgression, si elle se présente, une manifestation de l'irrationalité du sujet, de la faiblesse de sa volonté.

Scheffler retrouve là un problème traditionnel de la philosophie morale et de l'éducation. Comment agir sur les dispositions et la volonté d'un sujet ? Comprendre *intellectuellement une norme est différent de l'intégrer à sa conduite. Aussi épingle-t-il au passage le verbalisme en matière d'éducation morale, lequel repose largement sur l'occultation de la distinction évoquée entre actif et passif. Il en résulte une confusion entre formation morale de la personne et exhortation. Bien entendu la distinction entre interprétation active et interprétation passive n'intervient pas si l'acte d'« enseigner que » porte sur un fait.*

Avec « apprendre à » (to teach to) *on retrouve la dimension morale de l'enseignement, et plus généralement le fait qu'il porte sur des règles. « Apprendre à Y à être honnête » est à rapprocher de l'interprétation active d'« enseigner que l'honnêteté est la meilleure ligne de conduite » (à ceci près que ne s'y trouve pas impliquée une connaissance propositionnelle de la norme). Dispenser une règle revient à enseigner une ligne générale de conduite. C'est là une chose bien différente de donner un ordre, car donner un ordre ne fait pas intervenir cet élément de généralité*[5] *: dire, de façon ponctuelle, à*

5. *Il peut sembler que sur ce point Scheffler s'oppose à certaines remarques de Wittgenstein dans lesquelles celui-ci semble au contraire assimiler « suivre une règle » et « suivre un ordre » (voir par exemple :* Investigations philosophiques *§ 206). Mais les remarques de Wittgenstein visent surtout à suggérer que l'acte de suivre une règle* ressemble *à celui de suivre un ordre, dans la mesure où l'un et l'autre procèdent d'un entraînement* (Abrichtung) *plutôt que d'une interprétation. Il ne s'agit donc pas de dire qu'ordres et règles sont, en tant que tels, assimilables les uns aux autres. Il est frappant de voir que Wittgenstein est absent des références de Scheffler (il n'est pas évoqué dans le présent ouvrage et ne figure pas davantage dans l'index de* Reason and teaching *ni dans celui d'*In praise of the cognitive emotions*), même là où on pourrait s'attendre le plus à le trouver, comme lorsqu'il s'agit de distinguer différents types de règles.* Le langage de l'éducation *oppose en effet (chapitre 4) les règles exhaustives (dont*

quelqu'un « Répond à la question ! » est différent de lui enseigner la règle selon laquelle il convient, dans telle ou telle circonstance, de répondre aux questions. En donnant un ordre à quelqu'un, on ne lui apprend rien. Dans cette logique, l'auteur critique l'emploi des impératifs dans l'enseignement, emploi qui peut induire lui aussi une forme de verbalisme : certains impératifs sont déraisonnables car n'ont pas été développées les capacités permettant d'y satisfaire. Qu'un impératif devienne raisonnable, c'est là le signe que l'enseignement a atteint son résultat. Cela ne démontre pas que l'impératif est un moyen d'enseignement efficace.

Enfin, l'auteur profite de son examen de l'expression « enseigner comment » pour discuter la conception qui réduit l'enseignement à la seule tâche de développer des aptitudes. Il retrouve au passage la distinction de Ryle entre knowing how *et* knowing that *mais pour indiquer tout aussitôt que la considération exclusive du* to teach how *occulte la dimension morale et, plus généralement, normative de l'enseignement. Nous retrouvons l'intuition de départ : enseigner se dit de plusieurs manières et ne voir, de façon unilatérale, qu'une seule de ces manières revient à méconnaître la complexité logique de la pratique éducative*[6].

l'application suffit à assurer le succès d'une action) et les règles non exhaustives (dont l'application correcte ne garantit pas le succès). Il y a des règles exhaustives pour épeler les mots, mais non point pour arracher les dents. Si j'entreprends de rendre exhaustif un ensemble de règles qui ne l'est pas (par exemple celles de la chasse) j'ajouterai celle-ci à celles qui fixent la manière de préparer le matériel et le choix de l'emplacement : « Vise l'animal comme il faut ». Mais cette règle (outre le fait qu'elle tombe sous le sens) n'ajoute rien car elle fait intervenir la qualité de l'acte : on peut viser plus ou moins correctement, et c'est bien là le problème. Scheffler note de façon suggestive que certaines règles mathématiques sont exhaustives ou presque (les règles de l'arithmétique élémentaire) et sont à ce titre à ranger à côté de celles qui déterminent comment épeler, alors que d'autres sont non exhaustives : elles n'assurent en rien qu'on trouvera la solution. Entre les règles expliquant comment épeler et celles de l'investigation scientifique, il faudrait placer quelque part celles de la cuisine, mais aussi celles sur lesquelles s'appuie la pratique de l'enseignement. Mais, pour en revenir aux mathématiques, l'auteur indique, à la lumière de la distinction précédente, qu'elles ne reposent pas sur un type unique de règles.

6. *Beaucoup de discours éducatifs récents cèdent, peut-être par désir de trouver des formules frappantes, à la rhétorique du « rien d'autre que ». Mais annoncer qu'« enseigner, ça n'est rien d'autre que », c'est se mettre dans*

La notion de « curriculum » intervient de façon récurrente dans les réflexions de Scheffler[7]*. Ceci intriguera peut-être le lecteur français car cette notion n'a pas la même importance dans les discussions dont il est familier. Les Français sont accoutumés à penser les problèmes scolaires en terme de « discipline ». Même lorsque, comme dans certaines polémiques récentes, cette notion est remise en cause au profit d'une autre (l'interdisciplinarité), c'est encore à l'intérieur d'un cadre qui conçoit la logique scolaire sous la forme disciplinaire que l'on pense. Selon* Maurice Sachot[8]*, la plus ancienne occurrence en français du terme « discipline » pour désigner une matière scolaire remonte vraisemblablement à 1892. Il semble donc que le fait que ce terme en soit venu à supplanter les appellations plus anciennes soit à mettre en relation avec l'avènement de l'État républicain et laïc. M. Sachot note sur ce point : « Comme l'éducation scolaire, en tant qu'elle forme tout individu à devenir un sujet-citoyen, est instituée par la République... la logique de la scientificité, qui est interne à la démarche et non l'action d'une quelconque puissance extérieure, est la seule qui soit épistémologiquement et éthiquement acceptable pour la traverser et la porter ». Au cours du vingtième siècle, le terme « discipline » en est ainsi venu à s'imposer, tant dans le domaine des enseignements scolaires qu'universitaires, et également dans celui de la recherche.*

Le terme « curriculum » est en revanche courant dans le champ linguistique anglophone. Ce qui se trouve en jeu dans ce choix termi-

une posture par laquelle on se focalise sur un aspect déterminé de l'acte d'enseigner. Dans un ordre d'idées voisin, on peut remarquer que le fait qu'enseigner se dise en plusieurs sens constitue une raison supplémentaire de nier qu'on puisse fonder les décisions en matière d'enseignement sur une science sous-jacente. Scheffler souligne pour sa part qu'une multitude de sciences peuvent contribuer à éclairer les décisions éducatives. Il s'agit là, à ses yeux, d'un élément décisif dans le processus de professionnalisation des éducateurs ; il ajoute toutefois que l'art pratique que constitue l'enseignement fonde souvent ses décisions sur des observations empiriques accumulées (lesquelles nous apprennent que telle démarche produit des résultats) et que, dans bien des cas, nous n'avons rien de mieux à proposer. Il est bon de garder à l'esprit cette sagesse éducative.

7. *Cf. également : « Justifying curriculum decisions » (1958) et « Philosophy and the curriculum » (1970), repris dans* Reason and teaching.
8. *« L'interdisciplinarité entre disciplines et curriculum : retour sur un impensé en matière de formation »,* Éducation et Francophonie, *vol.* XVIII, n° 2, *automne-hiver 2000.*

nologique, ce n'est pas tant la formation du jugement de l'élève par contact avec des savoirs que la relation entre le parcours personnel et l'ensemble des parcours que la société propose ou impose. C'est dans ce contexte qu'il faut resituer la discussion menée au chapitre 1 sur l'extension à attribuer au curriculum. Normalement, le curriculum est identique au programme d'un établissement ou d'un ordre d'enseignement : il est donc commun et le différencier d'un autre revient à voir ce qui distingue un programme d'un autre ; mais, dans certaines discussions, on en vient à étendre cette notion à l'ensemble des expériences intervenant dans la formation des élèves. Il y a alors autant de curricula que d'élèves. La discussion n'est pas seulement terminologique. Elle induit au contraire d'importantes conséquences pratiques. Stipuler que le curriculum recouvre toutes les expériences de l'élève et maintenir simultanément que l'école reste responsable du curriculum conduit à étendre considérablement la responsabilité des maîtres et de l'institution. Il y a donc deux questions distinctes qu'il convient de se poser sur les curricula : (1) doivent-ils être communs ou personnels ? (2) Quelle place les différents sujets d'étude sont-ils supposés y tenir ? C'est également en relation avec ces questions qu'il faut apprécier l'accent mis par Scheffler sur le contenu moral de l'enseignement (qui motive sa critique des conceptions béhavioristes dans ce domaine) et son insistance sur le rôle de la philosophie dans la discussion critique des curricula. Il conclut ainsi son article de 1970 intitulé « Philosophy and the curriculum » :

> L'éducateur doit prendre en compte la possibilité de nouvelles classifications et de nouvelles interrelations entre les matières (subjects), non seulement dans un but éducatif, mais aussi en fonction de finalités intellectuelles générales. Il doit, de plus, prêter attention aux aspects du développement humain qui sont trop insaisissables ou trop centraux pour trouver leur place dans le cadre des disciplines : par exemple à la formation du caractère et au raffinement des émotions. Il doit, qui plus est, réfléchir sur l'enseignement en tant qu'institution, son organisation dans la société, sa place dans la société et son influence sur l'évolution des valeurs.

Espérons que cette traduction sera l'occasion pour le lecteur français d'apprécier l'importance d'un texte qui est tout autant une contribution à la philosophie du langage qu'à la philosophie de l'éducation. Espérons aussi qu'elle incitera ce même lecteur à lire les autres ouvrages de Scheffler. Parions enfin que sera reconnu (même si nous n'avons guère insisté sur ce point dans notre présentation et même si Scheffler lui-même ne s'engage pas plus avant dans cette *voie) l'intérêt des remarques de l'auteur pour la réflexion politique et sociale : on peut songer sur ce point à tout ce qu'il dit sur les slogans en éducation conçus comme des symboles de ralliement (chapitre 2) et sur les définitions programmatiques, dont un exemple vient d'être donné avec l'extension du terme curriculum (chapitre 1).*

Michel Le Du

Préface

L'objectif de ce livre est, par l'application de méthodes philosophiques, de clarifier certains aspects répandus de la pensée éducative et de son argumentation. On trouvera en particulier dans les pages qui suivent des analyses de la force logique des définitions, slogans et métaphores en éducation et un examen de la notion centrale d'enseignement. On espère ainsi que les réflexions qui suivent présenteront un intérêt non seulement pour les étudiants en éducation ou en philosophie, mais aussi pour tous ceux qui, citoyens ou éducateurs, sont fortement concernés par les pratiques scolaires.

Plusieurs des idées développées ici proviennent de mes conférences d'introduction à la philosophie de l'éducation prononcées ces dernières années ; à ce titre elles peuvent être utiles dans des cours traitant ce sujet. Beaucoup de lecteurs familiarisés avec mon anthologie récente, *Philosophy and Education* pourront trouver dans le présent ouvrage un auxiliaire utile, offrant un traitement systématique de certains sujets voisins.

Je tiens à remercier le directeur et l'éditeur des *American lectures in philosophy* pour leurs jugements et leur coopération. Je suis redevable aux professeurs William K. Frankena, Sidney Morgenbesser et Harold Weisberg d'innombrables suggestions critiques. Je suis reconnaissant à la fondation John Simon Guggenheim de m'avoir accordé une bourse qui m'a permis d'achever la version finale de cette étude. Je tiens à remercier ma femme pour ses encouragements et son aide dans la préparation du manuscrit. Enfin, je dois reconnaître à quel point j'ai été stimulé par mes collègues à Harvard – tant par ceux d'Éducation que par ceux de Philosophie – et aussi par mes étudiants qui m'ont instruit en même temps que je les instruisais.

Israel Scheffler

Introduction

Ce livre est un essai en philosophie de l'éducation. Il s'attache d'abord à certaines formes récurrentes de discours touchant l'instruction et se propose ensuite d'examiner de façon plus développée le concept d'enseignement qui est récurrent dans ces discours. L'ouvrage propose, à travers l'analyse d'un choix d'énoncés typiques, pris dans leur contexte éducatif ou social, certaines stratégies pour les évaluer de façon critique ainsi que d'autres de type comparable ; l'étude du concept d'enseignement réclame de son côté que soient traitées des questions comme la nature des règles en éducation, la relation entre la recherche scientifique et l'instruction, le développement du comportement moral et la clarification des débats sur les programmes. Tout au long du livre, on insiste de façon répétée sur la nécessité de relier l'évaluation critique des assertions au contexte dans lequel elles apparaissent, et plus encore sur celle de séparer les problèmes pratiques et moraux d'autres problèmes avec lesquels ils sont souvent confondus. L'insistance sur ces deux points, de même que l'emploi de différentes notions subsidiaires, montreront leur pertinence pour une bien plus grande variété de sujets que ceux qui sont à proprement parler abordés ici.

Parler de ce livre comme d'une étude de philosophie de l'éducation réclame cependant quelques mots de clarification. Il y a en effet une ambiguïté dans la notion même d'étude philosophique et elle peut s'avérer être ici une source d'égarement si elle n'est pas explicitement levée. Cette notion peut désigner d'un côté une enquête portant sur des questions philosophiques ou sur l'usage de méthodes philosophiques ; elle peut, par ailleurs, désigner une étude historique des conclusions auxquelles sont parvenus les chercheurs investis dans les questions philosophiques ou les utilisateurs de méthodes philosophiques. Ces deux activités sont bien distinctes en dépit du fait qu'elles partagent souvent la même étiquette. Si nous nous engageons dans le premier type d'entreprise, nous devons philosopher par nous-mêmes – c'est-à-dire prendre place dans les débats philosophiques ou appliquer les outils d'investigation philosophiques. Si nous nous engageons dans le second type d'entreprise, nous n'avons pas, au même sens, à philosopher, mais plutôt à comprendre les résultats et les voies empruntées par la philosophie passée.

La présente étude de philosophie de l'éducation constitue une tentative de la première sorte. Il s'agit d'appliquer des méthodes philosophiques aux idées éducatives fondamentales, plutôt que de retracer ce qu'ont été en cette matière les doctrines philosophiques, leur développement et leur devenir. Le choix de cette démarche ne repose cependant en rien sur une appréciation négative portée sur les études historiques ou sur les doctrines philosophiques du passé. Une part importante et, à vrai dire, indispensable de tout travail philosophique consiste en une étude serrée des écrits laissés par les penseurs qui nous ont précédés. C'est bien plutôt l'attitude de travail adoptée face à leurs écrits qui distingue le présent essai des travaux relevant de l'histoire des idées. Leur examen est en effet ici conçu comme un outil plutôt que comme un but premier. Aussi n'examinerons-nous certaines vues historiquement importantes qu'en relation avec des problèmes qui reçoivent par ailleurs un traitement indépendant, et aucun effort n'est fait dans les pages qui suivent pour proposer une vision historique nuancée. Que ce soit là, toutefois, non point une sous-évaluation de l'histoire mais seulement une manière particulière de travailler en contact avec les doctrines du passé, c'est ce qu'il est possible d'illustrer en considérant la question voisine suivante : quelle est, dans la relation aux doctrines scientifiques du passé, la différence entre l'historien des sciences et le scientifique au travail ? Il n'est certainement pas vrai que l'un cite ses prédécesseurs alors que l'autre ne le fait pas. Il n'y en a pas non plus un qui soit, en général, moins dépendant des travaux antérieurs que l'autre. Bien plutôt, l'historien étudie les doctrines du passé avec pour but de comprendre leur genèse, leur développement, et leur influence alors que le savant, dans le cadre de sa pratique, est au premier chef concerné par leur rapport avec ses problèmes actuels, lesquels ont par eux-mêmes un intérêt scientifique.

La distinction entre investigation philosophique et histoire des idées est soulignée ici non parce qu'elle est supposée être particulièrement subtile, mais plutôt parce qu'elle n'a pas été suffisamment reconnue dans beaucoup de présentations récentes de la philosophie de l'éducation. De plus, c'est parce que la philosophie en tant que telle – et particulièrement dans les pays de langue anglaise [1] – a connu de brusques développements, à la fois nouveaux et fructueux, qu'il est spécialement approprié d'insister à nouveau ici sur la recherche en philosophie de l'éducation.

Pour donner un aperçu de ces développements, un bref rappel de l'évolution qu'a connu la philosophie dans les années récentes est nécessaire. Un rappel rapide portant sur un thème aussi vaste ne peut être que subjectif et par trop simplificateur, mais cela ne l'empêche pas forcément d'être éclairant. Pourvu que les remarques qui suivent soient comprises simplement comme l'esquisse d'un phénomène riche et complexe, elles peuvent servir au lecteur d'introduction au climat actuel du travail philosophique.

En un mot, la philosophie peut être caractérisée comme la recherche d'une perspective générale fondée rationnellement. D'un point de vue historique, ceux qu'on a appelés « philosophes » se sont penchés sur des sujets tels que la nature de l'univers physique, l'esprit, la causalité, la vie, la vertu, le droit, le bien, l'histoire, et la société. Toujours d'un point de vue historique, on peut dire qu'ils ont tenté d'argumenter rationnellement sur de tels sujets généraux et de défendre leurs vues en recourant à des preuves et à des raisons accessibles à tous. Le philosophe veut mettre les choses en perspective et il veut les voir d'une manière claire et nette. Il s'efforce de parvenir au maximum d'intelligibilité et, ce faisant, au minimum de mystère.

Dans sa quête de généralité, la philosophie se rapproche de la religion, mais diffère d'elle par le fait qu'elle recourt exclusi-

1. En relation avec ce point, voyez J. Passmore : *A Hundred Years of Philosophy*, Londres, Duckworth, 1957.

vement à l'argumentation rationnelle, alors que la religion fait appel également à d'autres sources d'autorité, comme la révélation, les saintes écritures et la tradition. Dans la mesure où elle ne recourt qu'à des preuves rationnelles, la philosophie ressemble aux sciences, mais elle diffère d'elles en ce qu'elle est plus générale, cherchant non seulement à comprendre le monde à travers la science, mais aussi à appréhender la science elle-même, en tant que manière de comprendre le monde, comme un des aspects contribuant à la variété de l'expérience humaine.

La portée de chaque science, à quelque moment qu'on se place, est limitée de deux façons. D'abord, une science ne se mêle pas de relier ses propres découvertes avec celles des autres sciences particulières ni avec les domaines disparates que sont le droit, la vie pratique, les arts, et le sens commun – et elle n'a pas à le faire. Deuxièmement, une science utilise mais, en général, n'analyse pas des notions de base telles que « preuve », « théorie », « cause », « but », « objet » qu'elle partage avec d'autres domaines. Bref, le savant reprend certaines idées fondamentales et les applique dans le cadre de recherches qui, de façon légitime, sont séparées à la fois des autres recherches et des autres formes d'activité. Ces deux sortes de limitation de la portée sont parfaitement raisonnables si on se place du point de vue du savant ; en fait, elles ne doivent pas être vues comme des limitations arbitraires de son travail, mais comme des conventions qui, en canalisant son potentiel, le rendent effectif.

Cependant, elles laissent une place pour un autre type d'entreprise, de nature philosophique. Le philosophe peut chercher une perspective générale, précisément en outrepassant les limitations de portée caractéristiques des sciences particulières. Aussi peut-il se mettre en quête de généralité soit en construisant à partir de découvertes reconnues, d'expériences communes propres à différents champs, et avec le but de produire une image du monde dans son ensemble, soit en analysant les idées de base et les suppositions que l'on retrouve dans divers domaines particuliers. Ces deux formes de la quête de généralité sont des ingrédients familiers de la tradition philosophique. Elles ont cependant été inégalement affectées par le développement des sciences à l'époque moderne.

Avec la spécialisation croissante du travail scientifique et l'accumulation des données, il est devenu de plus en plus difficile d'englober toute l'information disponible dans une image du monde à la fois unique et significative. Les images du monde qui ont été avancées ont donc été dans la pratique exposées au risque accru de s'avérer superficielles ou platement inexactes, ce qui ne veut pas dire qu'ait été faite la démonstration théorique de leur incapacité à fournir quelque éclairage significatif que ce soit. Les philosophes, en nombre croissant, ont naturellement eu tendance à rechercher une perspective générale, non point en réunissant les fruits de la connaissance, mais en analysant les racines – les concepts de base, les présuppositions, les arguments et les inférences caractéristiques de différents domaines. Certains philosophes ont alors cherché à utiliser une telle analyse pour projeter une image unifiée, non point de l'univers mais de l'esprit humain [2] ; d'autres se sont satisfaits de la classification des idées elles-mêmes. Les procédures et les standards d'analyse utilisés ont également beaucoup varié. Toutefois il est clair que l'attention philosophique en est venue de plus en plus à se concentrer sur les concepts de base et sur les formes de compréhension plutôt que sur un vaste éventail d'éléments d'information prétendument incorporable à quelque image moderne du monde.

Le développement de la science, cependant, a même eu un effet plus profond sur l'évolution de la philosophie. Il semblait suggérer que les méthodes expérimentales étaient les seules susceptibles de déboucher sur une connaissance de la nature. On se rendit compte que la philosophie ne pouvait plus être conçue

2. Voyez, par exemple, Ernst Cassirer, *Essai sur l'homme*, Minuit, 1976 : « La caractéristique remarquable de l'homme, sa marque distinctive, n'est pas sa nature métaphysique ou physique – mais son travail. C'est ce travail, c'est le système des activités humaines, qui définit et détermine le cercle de "l'humanité". Le langage, le mythe, la religion, l'art, la science, l'histoire sont les constituants, les différents secteurs de ce cercle. Une "philosophie de l'homme" serait alors une philosophie qui nous donnerait une perception de la structure fondamentale de chacune de ces activités humaines, et qui en même temps, nous rendrait capables de les comprendre comme un tout organique. » Voyez également sous ce rapport S. K. Langer, *Philosophy in a new key*, Cambridge, Harvard UP, 1942.

à l'image d'une sorte de super-science, dévoilant les secrets les mieux cachés de la nature. Les philosophes ne pouvaient plus concevoir leur tâche comme la preuve déductive de théorèmes portant sur les faits, preuve basée sur des axiomes évidents par eux-mêmes et découverts par l'intuition. Contraints, face à ce défi, de réinterpréter leur rôle, et d'en proposer une approche qui paraisse plus acceptable, beaucoup d'entre eux ont en fait commencé par renoncer à toute revendication d'une intuition supérieure et en même temps au droit, dans l'exercice de leur profession, de tenir un discours sur le monde fondé sur l'intuition. Ils ont alors entrepris de développer l'évaluation logique des assertions, conçue comme leur tâche de base – l'examen des idées sur le plan de la clarté et celui des arguments sur le plan de la validité.

Ce changement d'orientation et l'accentuation du travail sur les concepts de base, discutée avant, ont convergé pour constituer la posture caractéristique d'une bonne partie de la philosophie contemporaine. Une telle philosophie s'emploie à trouver une perspective générale à travers un examen des idées de base et des arguments de différents domaines ; elle applique et élabore pour ce faire une large palette d'outils logiques, linguistiques et sémantiques. La renaissance et l'essor significatif des études logiques au tournant du siècle et le travail de pionnier de philosophes éminents durant les premières années ont fourni des modèles attractifs à cette orientation nouvelle [3]. L'analyse philosophique dans ce qui, pour l'essentiel, reste ses formes actuelles, débuta – cherchant fondamentalement à clarifier les notions de base et les modes d'argumentation plutôt qu'à synthétiser des croyances déjà connues dans une vue d'ensemble, à évaluer en profondeur les idées de base plutôt qu'à peindre des portraits aussi suggestifs que vagues de l'univers.

Une telle conception de la philosophie, aussi largement répandue soit-elle aujourd'hui, n'est pas sans avoir des racines profondes dans la tradition philosophique. Elle a en effet été comparée de façon suggestive à la tradition socratique, décrite dans les dialogues de Platon comme la tentative, à travers une

3. Voyez J. Passmore, *op. cit.*, spécialement les chapitres 5, 6, 9, 15, 18.

discussion critique, de parvenir à une compréhension générale de toute une variété d'idées de base. À l'image de la philosophie socratique, l'analyse contemporaine est applicable à n'importe quel contenu. Elle s'est toutefois, c'est un fait, concentrée sur les concepts scientifiques, mathématiques et éthiques depuis le début de ce siècle. Les raisons en sont incertaines. Indubitablement, l'exemple donné par les pionniers a joué un rôle important, tout comme la position traditionnellement centrale de ces concepts dans les préoccupations des philosophes en général. Quelles qu'en soient les raisons, ce n'est que de façon relativement récente que l'analyse philosophique a commencé à être appliquée plus largement à des domaines comme ceux du droit, de la religion, de la pensée sociale et de l'éducation [4]. Peut-être, comme certains critiques l'ont suggéré, l'étroitesse de champ et la forte accentuation méthodologique qui conviennent à un mouvement jeune et vigoureux ont-elles cédé le pas aux centres d'intérêts plus larges et plus substantiels de la maturité. Quoi qu'il en soit, en éducation, les perspectives pour l'investigation philosophique, dans l'esprit de l'analyse contemporaine et avec l'aide de ses méthodes, semblent en effet encourageantes. D'un côté, éducateurs et théoriciens de l'éducation ont les uns et les autres exprimé leur aspiration croissante à repenser de façon critique les fondements de leur discipline ; d'un autre côté, les philosophes se sont de plus en plus consacrés au développement et à l'application d'instruments analytiques capables d'offrir une assistance dans une telle entreprise.

Quelle sorte de paysage l'éducation présente-t-elle donc à l'analyse philosophique ? Parmi ses concepts centraux on trouve des idées fondamentales telles que « savoir », « apprentissage », « pensée », « compréhension », « explication » qui ont une place éminente non seulement dans la littérature

4. Voyez par exemple, A. Flee (éd.), *Essays on Logic and Language*, New York, Philosophical Library, 1951 ; *Logic and Language*, Oxford, Blackwell, 1953 ; P. Laslett (éd.), *Philosophy, Politics and Society*, Oxford, Blackwell, 1956 ; I. Scheffler (éd.), *Philosophy and Education*, Boston, Allyn and Bacon, 1958 ; M. White, *Religion, Politics and the Higher Learning*, Cambridge, Harvard UP, 1959 ; S.I. Benn et R. S. Peters, *Social Principles and the Democratic State*, Londres, Allen and Unwin, 1959.

philosophique sur le sujet, mais également dans la vie ordinaire aussi bien que dans la psychologie scientifique. Qui plus est, bien des idées relevant plus spécifiquement du champ éducatif comme « discipline intellectuelle » (*mental discipline*), « réussite », « programme », « développement du caractère » et « maturité », ont un lien étroit avec les questions scolaires et sont de plus, dans la pratique, l'objet de débats continuels. De tels débats sont là pour nous rappeler que l'éducation n'est pas seulement une discipline abstraite et intellectuelle, mais aussi un lieu d'engagement et de décision pratique, lieu où les programmes officiels sont mis en œuvre, critiqués, justifiés, et rejetés. La force pratique des arguments avancés en matière d'éducation suggère de plus que les idées éducatives ne servent pas seulement des buts « descriptifs » mais aussi « politiques », de sorte que l'usage largement répandu de termes comme « besoin », à la fois au sein de la recherche en éducation et dans les débats portant sur les buts, facilite, selon toute vraisemblance, la confusion comme la simplification [5]. En somme, le discours éducatif couvre tout un ensemble de contextes différents, traversant les sphères scientifique, pratique et éthique, des notions manifestement communes prenant de ce fait toute une variété de couleurs et d'accentuations. Aussi, désimbriquer les différents contextes où l'éducation se trouve être objet de discussion et d'argumentation, examiner les idées de base et les critères logiques appropriés pour chacun de ces contextes apparaît comme une tâche fondamentale de l'analyse.

C'est du reste une tâche ample et complexe qui, à coup sûr, ne peut être menée à son terme dans les limites d'un seul volume. Le champ qu'elle définit réclame une culture intensive de la part de beaucoup de chercheurs. Aussi le présent livre a-t-il choisi de ne s'intéresser qu'à certains aspects de cette tâche, et son but n'est évidemment pas d'avoir le dernier mot sur les questions abordées, mais de développer des analyses susceptibles de faire avancer la réflexion critique sur les problèmes auxquels il s'attache. Néanmoins, les aspects retenus

5. Pour une analyse pertinente de la notion de besoin, voyez R. D. Archambault, « The concept of need and its relation to certain aspects of educational theory », *Harvard Educational Review*, 27 : 38, 1957.

ne l'ont pas été au hasard. Ils correspondent à des traits récurrents de la pensée et du débat éducatifs, et on espère que leur étude ne sera pas seulement un point de départ approprié pour un philosophe, mais s'avérera d'un intérêt direct pour les éducateurs et pour d'autres lecteurs comptant l'éducation parmi leurs préoccupations. On espère de plus, comme il a été noté plus haut, que certains des concepts et des distinctions introduits comme instruments dans l'analyse qui suit pourront s'appliquer utilement à un éventail de sujets plus vaste que ceux qui sont ici discutés.

Le plan du livre est donc le suivant : dans les trois prochains chapitres, trois sortes d'énoncés familiers en éducation sont examinées, dans le but de soumettre leur statut à une évaluation logique : les définitions, les slogans éducatifs et les descriptions métaphoriques. Les énoncés de ces trois sortes sont constamment récurrents dans les discussions en éducation, et sont souvent traités dans leur contexte de façon non critique. Nous essaierons d'analyser certaines façons typiques dont sont employés ces énoncés dans des circonstances elles-mêmes typiques et d'avancer des principes permettant leur évaluation critique. Notre propos ne sera pas de donner un catalogue descriptif recensant les véritables définitions, slogans et métaphores familiers en éducation mais plutôt d'en utiliser un certain nombre comme des exemples à analyser de manière à présenter les stratégies d'évaluation logique.

Les deux chapitres suivants portent l'un et l'autre sur la notion d'« enseignement ». Le premier de ces deux chapitres est consacré à une analyse générale de cette idée et des façons les plus marquantes de l'employer. Le second de ces deux chapitres présente une comparaison entre « enseigner » et « dire » (*telling*) qui complète l'analyse précédente, et offre quelques suggestions pratiques pour clarifier les discussions portant sur les programmes. L'ouvrage considéré dans son ensemble se divise ainsi en deux parties principales. La première, correspondant aux chapitres 1-3, est consacrée à l'examen de certains types récurrents d'énoncés éducatifs. La seconde, correspondant aux chapitres 4 et 5, propose, en relation avec cet examen, un traitement d'une notion éducative de base. L'ordre dans lequel les chapitres doivent être lus reste néanmoins, dans une large mesure, l'affaire de chacun. Dans la mesure où la séquence constituée par les chapitres 4 et 5 forme une unité, elle peut très bien être abordée comme un tout, avant même d'en venir aux chapitres 1-3. Qui plus est, la difficulté relativement plus grande du chapitre 1, si on le compare aux chapitres 2 et 3 peut inciter certains à s'atteler à sa lecture seulement après avoir lu les chapitres 2 et 3 et non point avant.

Chapitre premier

Les définitions en éducation

Le présent chapitre, de même que les deux qui suivent, porte sur l'évaluation du rôle joué par trois sortes d'énoncés fréquemment présents dans les discussions en éducation. Il s'agit des énoncés définitionnels, des énoncés contenant des slogans et de ceux comportant des descriptions métaphoriques de l'éducation. À travers l'étude de quelques contextes typiques où ces énoncés trouvent leur occurrence, nous tenterons de clarifier ce que l'on peut appeler la logique de leur intervention dans ces contextes. Aussi, même s'il nous arrivera de faire référence à leur environnement sociologique, notre objectif ne sera pas sociologique. Nous sommes plutôt soucieux d'évaluer la force de telles assertions lorsqu'elles apparaissent dans des arguments – d'examiner la validité des conclusions auxquelles on parvient grâce à elles et de proposer des démarches par lesquelles leur exploitation dans des inférences pourra être valablement critiquée. Ces buts indiquent assez en quel sens notre tâche présente mérite d'être qualifiée de « logique ». Tournons-nous maintenant vers les définitions dont la considération occupera le reste de ce chapitre [1].

1. Il existe une vaste littérature portant sur différents aspects de la définition. Quelques contributions récentes et décisives se trouvent chez Nelson Goodman, *The Structure of Appearance*, Cambridge, Harvard UP, 1951, chapitre 1 ; C. G. Hempel, *Fundamentals of Concept Formation in Empirical Science*, Chicago, Chicago UP, 1952, 1re partie ; C. L. Stevenson, *Ethics and Language*, New Haven, Yale UP, 1944, chapitre 9 ; W.V. Quine, *From a Logical Point of View*, Cambridge, Harvard UP, 1953.

Nous avons déjà remarqué que le discours éducatif traverse une variété de contextes au sein desquels différentes sortes de problèmes peuvent être en jeu, en dépit du fait que des termes réapparaissent à l'identique d'un contexte à l'autre. Aussi, pour introduire notre traitement du rôle des définitions, nous ne devons pas donner l'impression trompeuse qu'il n'y a qu'une manière unique de les employer en éducation. Nous devons bien plutôt indiquer au départ, même si c'est de façon grossière, les types de contextes que nous avons particulièrement à l'esprit, quitte à fournir les détails pertinents dans le cours ultérieur de la discussion.

Pour schématiser, nous allons nous intéresser aux discours non-scientifiques dans lesquels des définitions de notions concernant l'éducation sont avancées, par exemple dans l'énoncé de programmes et d'objectifs, dans les interprétations de l'éducation destinées au grand public, dans les débats abordant la politique éducative. Que ces notions soient avancées dans de tels contextes, en se fondant sur l'autorité de la science ou non, ne fait pas de différence ici ; l'important est qu'elles soient présentées non point dans un but théorique comme des affirmations d'ordre technique, interconnectées à des recherches scientifiques particulières, mais plutôt comme des informations générales données dans un contexte pratique.

Il est sûr que le langage de la science ne présente pas une texture uniforme et les formes d'expression scientifique varient amplement en fonction du progrès de la recherche et également d'une branche à l'autre de celle-ci. Néanmoins, où que ce soit, le but de la science est de construire un réseau théorique adapté à tous les faits disponibles, et la place occupée au sein du réseau par les assertions prises isolément est en conséquence relativement secondaire. Chacune de ces assertions est en permanence à la merci du savant, préoccupé de préserver et d'accroître l'adéquation de l'ensemble du réseau face à une information en augmentation constante. En principe, aucun énoncé scientifique n'est à l'abri d'une altération radicale, d'un changement de rôle ou d'une éviction pure et simple, l'intérêt étant de conserver l'adéquation de la théorie, quel qu'ait pu être initialement le statut de l'énoncé concerné – autrement dit, qu'il ait été adopté au départ comme une définition, une hypothèse, une observation, une loi ou une théorie. Aussi, les définitions scientifiques en particulier, forment un continuum avec d'autres assertions qui se trouvent au même moment dans le réseau et ne peuvent être valablement évaluées si on les abstrait de ce réseau. Qui plus est, elles sont évaluées à l'aune de leur adéquation théorique, sans qu'entrent en ligne de compte leur degré de conformité à l'usage familier, leur capacité à éclairer l'homme de la rue, et leurs effets sociaux et rhétoriques. En somme, les définitions scientifiques répondent toutes, en un sens important, à un usage technique et exigent un savoir spécial et l'emploi de critères théoriques eux-mêmes spéciaux pour être évaluées. En conséquence, dans les communications scientifiques, les définitions sont présentées et interprétées par les professionnels membres de la communauté scientifique.

Quand de telles définitions sont retirées du contexte de la recherche professionnelle et introduites dans des déclarations destinées au grand public ou encore à des enseignants ou à des professionnels d'autres secteurs, souvent lors de rencontres instituées, leur capacité dans ce rôle doit être appréciée, comme on apprécie celle des autres définitions. Notre problème est à présent de préciser de combien de sortes de définitions on doit juger la capacité. Ces définitions, nous les désignerons désormais par l'expression « définitions générales ».

Une définition générale n'est souvent rien d'autre qu'une stipulation dans le cas où un terme donné est supposé être compris de manière spéciale le temps d'un discours particulier ou tout au long d'un ensemble de discours du même type. Une telle définition peut être appelée « stipulative ». Une définition stipulative met en avant un terme qu'il faut définir et attire l'attention sur le fait qu'il doit être considéré comme un équivalent de tel autre terme ou de telle description, au sein d'un contexte particulier. Elle est le fruit d'un travail de législation terminologique dont le but n'est pas de refléter un usage antérieur admis du terme défini – si du moins un tel usage préalable du terme existe bel et bien. Les définitions stipulatives peuvent à leur tour être divisées en deux groupes, selon que le terme défini possède en fait un usage pré-définitionnel dont on puisse partir ou non. Là où un tel usage préalable n'existe pas, la définition stipulative peut être baptisée définition « inventive ». Lorsqu'en revanche la définition stipulative réglemente un nouvel usage pour un terme doté d'un emploi préalable reconnu, on peut la qualifier de stipulation « non-inventive ».

La notion de stipulation inventive peut être illustrée par l'introduction d'un système de lettres arbitraires (par exemple : « S », « G », « E ») pour désigner les copies d'élèves dont les niveaux sont classés selon une échelle établie ; ces lettres, qui n'ont pas d'usage institué avant leur introduction, en reçoivent un par stipulation. Elles sont des étiquettes équivalant à certaines descriptions compliquées qu'elles résument, descriptions de devoirs qui se répartissent sur l'échelle de notes. D'un autre côté, l'emploi d'une gamme de termes « qualitatifs » dans le même but, (par exemple : « passable », « bien », etc.) est souvent réglé par un ensemble de stipulations non-inventives – non-inventives parce que ces termes possèdent un usage antérieur à leur définition [2].

Pour résumer les différentes catégories de définitions discutées jusqu'à présent, disons que nous avons commencé par mettre à part les définitions scientifiques qui se reconnaissent à ce qu'elles sont spécialisées et ont un caractère technique et que nous avons baptisé les autres « définitions générales ». Au sein de celles-ci, nous avons ensuite séparé les définitions stipulatives car elles établissent pour les termes des conventions d'interprétation dans certains contextes, sans que leur emploi familier soit pris en compte. Finalement, nous avons distingué dans les définitions stipulatives celles qui sont inventives et celles qui ne le sont pas, en fonction de la nouveauté du terme défini.

Quels sont les motifs typiques pour établir des définitions stipulatives ? Lorsqu'il est besoin de se référer à quelque chose dans un contexte particulier où les ressources linguistiques disponibles ne nous offrent au mieux que des descriptions étendues, il est approprié d'introduire un terme abréviatif. Ainsi, dans l'exemple évoqué, la description répétée des différents

2. Une autre opposition entre stipulation inventive et non-inventive est illustrée par les différentes manières possibles de baptiser les niveaux à l'école élémentaire. Deux niveaux 5 peuvent par exemple être distingués par les adjectifs « brillant » et « normal » ou bien peuvent se voir attribuer deux lettres différentes, correspondant aux initiales des professeurs respectifs, précisément dans le but d'éviter tout ce que leurs équivalents qualitatifs peuvent suggérer. Pour une discussion de ce point et d'autres questions du même ordre, je suis redevable au Dr David V. Tiedeman.

échelons de la notation est évitée par l'introduction des lettres abréviatives « S », « G », etc. ou par celle des adjectifs abréviatifs « passable », « bon », etc. Ou, pour prendre la discussion qui précède en exemple, les termes classificatoires introduits précédemment, par exemple « définition stipulative non-inventive », etc., nous ont fourni un label commode grâce auquel nous sommes en mesure de nous référer à des choses qui autrement exigeraient que nous répétions des descriptions compliquées. Ces termes eux-mêmes ont aussi été introduits par stipulation, dans le but de faciliter notre présentation. De telles abréviations ne sont pas essentielles sur le plan théorique dans la mesure où ce qui est dit avec leur concours pourrait être dit, quoique de façon moins commode, sans elles. Néanmoins, l'économie d'expression qu'elles rendent possible est un puissant motif pratique pour les employer. Elles sont donc des outils familiers, en éducation comme ailleurs. Dans la mesure où une abréviation peut être réalisée soit en utilisant un terme familier d'une manière spéciale soit en introduisant un terme entièrement nouveau, les définitions stipulatives remplissent leur rôle abréviatif aussi bien d'une manière que de l'autre et, de fait, les stipulations inventives et non inventives abondent. Choisir l'une plutôt que l'autre dans une occasion donnée dépend d'autres facteurs que la simple facilité que procure l'abréviation – par exemple du fait qu'un terme familier est disponible lequel, par son pouvoir de suggestion, sera vraisemblablement en mesure de stimuler la mémoire sans éveiller des associations indésirables ou du besoin de garder disponible pour d'autres usages dans le contexte concerné un terme familier par ailleurs approprié.

Ce qui est toutefois fondamental, concernant toutes les définitions stipulatives, est qu'elles n'ont pas pour but de refléter l'emploi antérieur des termes qu'elles définissent. Elles établissent des conventions qui peuvent être plus ou moins utiles dans une discussion, qui peuvent être suivies de manière conséquente ou non, être cohérentes ou non quand on les considère dans leur ensemble, mais elles ne peuvent être ni justifiées, ni rejetées en mettant en avant la précision avec laquelle elles reflètent l'usage prédéfinitionnel. Une fois qu'il est établi qu'une définition stipulative (ou un ensemble de définitions de cette sorte) est formellement cohérente et bien choisie sur le plan pragmatique, il n'est pas pertinent d'argumenter plus avant contre elle en se basant sur le fait qu'elle ne parvient pas à représenter la signification normale du terme ou des termes définis. *En ce sens spécial*, les définitions stipulatives peuvent être tenues pour les fruits de choix arbitraires.

Il existe cependant une autre sorte de définition générale, que l'on peut qualifier de « descriptive » par contraste avec celles qui sont de type spéculatif. Les définitions descriptives, comme les précédentes, peuvent aussi servir à donner corps aux conventions qui règlent les discussions, mais elles ont toujours pour but, de surcroît, d'expliquer les termes définis en rendant compte de leur usage préalable. Ainsi les définitions descriptives sont-elles souvent présentées en fait lorsqu'on répond à une demande de clarification. « Que veut dire ce mot ? » est typiquement une question posée avec l'intention d'obtenir en réponse une règle explicative ou une description du fonctionnement préalable du terme. À l'analyse, chaque définition de ce type apparaît comme une formule établissant une relation d'équivalence entre un terme défini et d'autres termes le définissant, d'une façon qui est supposée refléter l'usage prédéfinitionnel. C'est cette réflexion qui doit, espère-t-on, nous livrer la compréhension de la signification du terme défini. On peut illustrer ceci par la définition du terme « endoctrinement » : « présentation des questions faite comme si elles ne présentaient qu'un seul côté »[3]. Cette définition du mot « endoctrinement », et d'autres analogues, sont fréquemment avancées dans le but de clarifier le mot tel qu'il est ordinairement et le plus clairement du monde employé. De telles définitions cherchent, comme par décantation, à établir une règle générale à partir de l'usage préalable du mot, règle susceptible à la fois de résumer l'usage d'un mot et de le clarifier en le mettant en relation avec celui d'autres termes familiers, et qui puisse être utilisée pour enseigner à quelqu'un comment le terme est normalement employé.

À l'opposé, donc, des définitions stipulatives, les définitions descriptives ne sont pas simplement des moyens d'abréviation,

3. Cet exemple est emprunté à J. S. Brubacher, *Modern Philosophies of Education*, New York, MacGraw-Hill, 1950, p. 201.

adoptés par commodité et susceptibles en théorie d'être éliminés. Leur but n'est pas d'obtenir une économie d'expression mais de fournir une explication qui rende compte de la signification. Le résultat est que les stipulations inventives n'ont pas de contrepartie parmi les descriptions, dans la mesure où les termes définis par stipulation inventive n'ont pas de signification préalable réclamant d'être expliquée. Si on considère un terme *doté* d'un usage préalable, la stipulation non inventive aiguillera son usage de manière nouvelle dans le but de faciliter la communication, là où une définition descriptive offrira un compte rendu général de l'usage préexistant. Si nous visualisons la définition à la façon d'une formule, suivant en cela l'usage de la logique moderne dans laquelle le terme défini (*definiendum*) apparaît à gauche et le terme (ou ensemble de termes) employé pour définir à droite (*definiens*) séparés par un signe spécial (« = df ») au milieu, (par exemple : « endoctrinement = df présentation des questions faite comme si elles n'avaient qu'un seul aspect »), alors nous pouvons aussi voir la différence entre définition stipulative et définition descriptive comme une différence dans la *direction* que prend l'intérêt de la formule prise comme un tout. Alors que l'intérêt dans le cas de la stipulation va de droite à gauche, puisqu'elle condense l'expression tout en accroissant le vocabulaire, l'intérêt d'une définition descriptive va de gauche à droite, c'est-à-dire vers une explication étendue avec un vocabulaire plus réduit.

Il est évident que les définitions descriptives ne sont pas affaire de choix arbitraires comme cela a été dit précédemment des définitions stipulatives. Car ces dernières, au-delà des considérations d'ordre formel ou pragmatique, peuvent se voir demander des comptes quant à la précision avec laquelle elles reflètent l'usage normal préalable. Il n'est pas hors de propos d'avancer contre une définition descriptive qu'elle viole cet usage. On peut très bien stipuler expressément que le mot « arbre » doit être tenu pour un équivalent de « fenêtre », le temps d'une discussion particulière, mais une telle équation viole manifestement l'usage antérieur du terme « arbre » et doit donc être tenue pour fausse si elle est proposée comme une définition descriptive. Cet exemple permet par ailleurs de souligner qu'une équation définitionnelle peut servir aussi bien de stipulation que de définition descriptive, selon le contexte où elle se présente et le but qu'elle est supposée servir ; la différence n'est donc pas formelle ou purement linguistique, mais s'explique plutôt par l'environnement pragmatique de la définition. Et l'équation définitionnelle n'est descriptive que si son propos est de refléter l'usage prédéfinitionnel.

Refléter l'usage prédéfinitionnel revient, nous l'avons dit, à expliquer les termes définis. Le degré auquel la définition est explicative, de même que le mode de l'explication recherchée, varie cependant considérablement. Les définitions descriptives peuvent être avancées avec l'espoir d'apprendre à quelqu'un à appliquer le terme défini avec compétence. Elles peuvent être proposées plutôt pour familiariser quelqu'un avec la référence du terme défini mais non point avec l'espoir de rendre par là l'intéressé capable d'appliquer le terme à des exemples particuliers, à la façon dont le terme « virus » peut être enseigné dans une classe de lycée. Elles peuvent être formulées dans des cas où le terme est déjà appliqué de façon appropriée aux cas particuliers, et l'objectif est alors de faire ressortir les principes qui guident une telle application et de montrer son interconnexion avec d'autres applications. Une entreprise de cette dernière sorte est typiquement philosophique, illustrée par le travail de nombreux penseurs depuis Socrate, dont le but était précisément de formuler des caractérisations générales recouvrant des occurrences connues de termes importants. Cette entreprise n'est pas propre aux philosophes, elle apparaît de façon récurrente dans les explications systématiques fournies dans différents domaines, au nombre desquels il faut compter l'éducation.

La relation entre les définitions descriptives et l'usage préalable réclame certaines remarques additionnelles, repoussées jusqu'à maintenant dans un but de simplification. Il ne faut pas supposer que l'usage d'un terme donné est uniforme et exhaustif. Pour commencer, les termes ordinaires sont souvent ambigus, de sorte que les définitions descriptives demandent à être supplémentées, tout au moins en contexte, par une indication de l'usage considéré comme pertinent. Par exemple, le terme « banc » s'applique à la fois aux poissons et à ce qui sert à s'asseoir mais ne peut en aucun cas s'appliquer aux deux en même temps[4].

4. Il était difficile de conserver l'exemple anglais choisi par Scheffler qui est *trunk*, terme qui désigne tantôt un coffre ou une boîte (ex : *motor*

De plus, même après l'élimination des ambiguïtés, l'usage préalable ne couvre pas normalement toutes les occurrences auxquelles on peut être confronté. Il règle clairement chaque terme applicable ou inapplicable dans certains types de cas mais laisse le reste indéterminé ; en cela, il n'est pas exhaustif. Par exemple, le mot « chaise » s'applique à certains objets en accord avec l'usage standard, c'est-à-dire aux meubles à quatre pieds, à dossier droit, qu'on peut déplacer et qu'on place dans la salle à manger autour de la table, pour y faire asseoir les adultes. Il ne s'applique à l'évidence pas à nombre d'autres objets, comme les fenêtres, les chevaux, les moteurs, les lacs et les nuages. Mais il est des cas qui ne sont ni des cas clairs de non-application ni des cas clairs d'application : un jouet en plastique ressemblant à une chaise et mesurant dix centimètres de haut ou des objets utilisés pour faire asseoir les adultes mais n'ayant pas la forme typique des chaises, comme les boîtes ou les barriques. Dans de tels cas indécis ou limites, les définitions descriptives sont libres de régler l'affaire dans un sens ou dans l'autre. Ainsi, pour qu'une telle définition puisse être recevable, elle doit s'accorder avec l'usage préalable à tout le moins en ne contredisant pas des exemples typiques de cet usage. Autrement dit, lorsqu'on trouve dans l'usage préalable l'application claire du terme à un objet quelconque, la définition ne peut l'ignorer ; lorsque l'usage préalable, de façon claire, refuse telle autre application, la définition ne peut la retenir. Mais en ce qui concerne les cas indécis, la définition peut être employée pour légiférer de n'importe quelle manière. Ainsi, bien que chaque application (ou non application) prédéfinitionnelle claire introduise une exigence de fidélité que doivent satisfaire les définitions descriptives du terme, il ne s'ensuit pas que chaque application décrétée par une définition de cette sorte soit gouvernée par une telle exigence. Les réquisits de fidélité laissent à la définition descriptive une marge de manœuvre considérable.

Nous avons jusqu'ici distingué deux grands types de définitions générales, celles du type stipulatif et dont le but n'est pas de s'accorder avec un usage préalable, mais de faciliter le

trunk = le coffre d'une voiture) et tantôt la trompe de l'éléphant. (NDT)

discours, et celles du type descriptif, qui cherchent à expliquer les termes en rendant compte de leur usage préalable. Nous avons remarqué que, bien que des considérations formelles interviennent dans l'évaluation d'une définition, qu'elle soit de l'un ou l'autre type, seules les définitions descriptives peuvent être critiquées si elles ne s'accordent pas avec l'usage préalable. Nous avons noté en conséquence que le processus de définition stipulative échappait d'une façon particulière à des restrictions auxquelles les définitions descriptives n'échappent pas, bien que ces dernières conservent une marge de variation considérable tout en restant dans les limites de la fidélité.

Il nous reste maintenant à examiner un autre rôle des définitions générales, rôle pratique d'une importance particulière en éducation ; c'est souvent à travers ce rôle pratique que les définitions générales sont pour ainsi dire inscrites directement au sein des pratiques sociales et des habitudes mentales. Comment le rôle pratique des définitions générales peut-il être décrit ? En gros, certains termes (comme « profession ») servent à distinguer les choses vis-à-vis desquelles la pratique sociale est orientée d'une certaine façon. (On peut supposer cette orientation exprimable par un principe général d'action. Par exemple : « Toutes les professions devraient recevoir un traitement privilégié ».) Maintenant, proposer une définition qui associe ce terme à quelque chose de nouveau peut, en contexte, s'avérer être un moyen de suggérer que cette chose nouvelle devrait se voir accorder la sorte de traitement pratique que l'on accorde à celles auxquelles on se référait jusque-là par le terme en question. (Par exemple, définir « profession » de façon à l'appliquer à une nouvelle sorte d'occupation peut être un moyen de suggérer que celle-ci devrait se voir accorder un traitement privilégié.) De façon semblable, proposer une définition refusant à un objet une appellation qui lui était appliquée jusque-là, ce peut être un moyen de suggérer que l'objet en question ne devrait plus être traité comme le sont les choses auxquelles l'appellation concernée se rapporte. Même si une définition est proposée qui assigne le terme exactement aux objets auxquels il a été jusque-là appliqué et à aucun autre, l'enjeu peut être de défendre la correction de l'attitude pratique courante vis-à-vis de ces objets – et d'aucun autre plutôt que de (ou tout autant que de) réfléchir l'usage prédéfinitionnel.

Là où une définition vise à faire l'une ou l'autre de ces trois choses, elle fonctionne comme une expression d'un programme pratique et nous l'appellerons « programmatique ». De même que les définitions stipulatives et descriptives, les définitions programmatiques ne sont pas identifiables à leur seule forme linguistique ; référence doit être faite au contexte. Une définition peut, par exemple, avoir pour effet d'impliquer une conséquence pratique dans une combinaison *hypothétique* avec un certain *principe* d'action, mais cela ne signifie pas qu'elle soit de ce fait programmatique. Elle peut ne pas viser à induire la conséquence pratique en question ; le contexte peut très bien faire apparaître clairement que la définition ne doit pas être tenue pour une prémisse pratique. Aussi est-ce le but pratique de la définition *dans une occasion particulière* qui révèle son caractère programmatique. La même formule répétable, à l'évidence, peut s'avérer programmatique en une occasion et ne plus l'être dans la suivante. Une définition programmatique, en effet, peut induire la conséquence pratique elle-même et non simplement énoncer une prémisse capable de la produire si des circonstances appropriées se présentent. Et c'est la force pratique de certaines définitions dans des occasions particulières qui nous intéresse ici.

Avec les définitions programmatiques, on est en présence de la dernière sorte de définition que notre propos nous amène à distinguer [5]. Ainsi, s'ajoutant aux définitions stipulatives et

5. Le traitement de la définition dans ce texte doit beaucoup, par différents aspects, à l'important travail déjà cité de C. L. Stevenson, mais l'usage de l'adjectif « programmatique » plutôt que du terme « persuasive » est motivé par certaines considérations de fond entraînant une différence d'approche : les définitions persuasives sont interprétées par Stevenson comme des significations émotives, c'est-à-dire en termes de réponses, de sentiments et d'attitudes psychologiques, alors que les définitions programmatiques sont ici interprétées en terme d'orientation d'une pratique sociale. Le traitement apporté dans le présent texte relie la force pratique des définitions aux références des termes qui les constituent et aux principes d'action qui leur sont associés, plutôt qu'aux propriétés émotionnelles des termes eux-mêmes. Ainsi cette force pratique n'est elle pas expliquée par un usage conscient ou inconscient de la définition « dans un effort pour assurer, par cette interaction entre signification émotive et descriptive,

descriptives, les définitions programmatiques épuisent-elles la classe des définitions générales dont nous discutons présentement. La différence entre les unes et les autres, comme cela a été souligné, n'est pas d'ordre formel. Exactement la même équation définitionnelle peut être stipulative, descriptive ou programmatique selon le contexte où elle se présente.

Quelles sortes de considérations sont pertinentes lorsqu'il s'agit d'évaluer des définitions programmatiques ? Considérons un exemple en partie schématique. Imaginons un type de travail W qui a jusqu'ici été placé clairement hors du champ d'application du terme « profession ». Supposons qu'une définition soit proposée, ayant pour conséquence l'application de ce terme à W. Au vu du contexte, il est évident que la définition n'est pas utilisée simplement pour introduire un moyen d'abréviation éliminable, dans le but de faciliter la communication. Les propositions portant sur d'autres abréviations semblables sont, par exemple, uniformément rejetées. Qui plus est, devant l'objection selon laquelle la définition ne parvient pas à s'accorder à l'usage préalable, son auteur demeure imperturbable ; son but est précisément de se désolidariser de cet usage. Aussi est-il clair alors que la définition n'est ni stipulative, ni descriptive. Les vues de l'auteur sont différentes ; il veut que W soit traité comme le sont les autres sortes d'activités qui tombent dans le champ d'application prédéfinitionnel du terme « profession ».

une réorientation de l'attitude des gens » (Stevenson, *op. cit.* p. 210) mais apparaît comme un effet « cognitif », comme une fonction des références et des relations logiques entre les termes et les assertions impliquées. L'accent mis sur la persuasion suggère que là où une définition va au-delà de sa fonction explicative, la fonction qui s'ajoute n'est pas de faire surgir de nouvelles questions mais plutôt d'entraîner un nouvel effet sur l'auditeur. En revanche, mettre l'accent sur l'aspect programmatique suggère que les rapports d'une définition avec une pratique sociale sont fréquemment exprimables comme des questions offrant matière à argumentation, bien qu'elles ne soient pas des questions de signification mais de pratique et de morale. Insister sur l'aspect programmatique plutôt que sur les définitions persuasives ne revient pas à nier l'importance de ces dernières, mais, au moins en partie, constitue une tentative pour souligner l'apport « cognitif » des définitions à la pratique sociale, apport qui a, me semble-t-il, été injustement négligé dans les années récentes en dépit de son rôle dans le discours en général.

C'est là un point qui réclame une évaluation pratique et indépendante. Il serait sans pertinence d'avancer que la définition ne constitue pas une convention abréviative utile ou qu'elle ne respecte pas l'orthodoxie en ce qui concerne l'usage préalable. Ce qui demande examen est la question pratique ou morale suivante : « Est-ce que W est redevable du traitement normalement accordé aux différentes activités désignées jusqu'ici par le terme "profession" ? » Les considérations qui interviennent dans le cadre de cette question sont pertinentes pour évaluer la définition elle-même [6].

De la discussion qui précède, il ressort clairement que, bien que les définitions programmatiques soient comme les définitions stipulatives en ce qu'elles ne sont pas liées à l'usage préalable, elles en diffèrent en ce qu'elles font surgir des enjeux moraux ou pratiques. Même les stipulations, avons-nous dit, ne sont pas *entièrement* arbitraires. Elles peuvent être critiquées d'un point de vue formel, quant à leur cohérence, et évaluées quant à leur utilité en tant que moyen de communication : aident-elles la mémoire ? Nous trompent-elles en introduisant des associations indésirables ?, etc. Mais elles ne font pas surgir des questions morales allant au-delà de cette discussion immédiate ; elles n'invitent pas à l'évaluation des pratiques, à l'appréciation de ce à quoi elles engagent, à la prise de décisions extra-linguistiques. Ainsi est-ce, d'un point de vue général, une erreur que de supposer qu'une définition quelconque puisse être *entièrement* arbitraire, et même, une erreur plus grave est de supposer que toutes les définitions, à part celles qui sont descriptives, ne sont limitées que par des considérations touchant leur cohérence et leur commodité pour la communication. Les définitions programmatiques, en particulier, peuvent être employées pour exprimer des choix moraux tout à fait sérieux.

Les définitions programmatiques, pourrait-on dire, sont semblables aux définitions descriptives en ceci qu'elles amènent à

6. Pour un traitement de questions voisines, voyez M. L. Cogan, « The problem of defining a profession », *Annals of the American Academy of Political and Social Science*, 297 : 105, janvier 1955 ; M. L. Cogan, « A definition of profession », *Harvard Educationnal Review*, 22 : 33, hiver 1953 ; et M. Lieberman, *Education as profession*, Englewood Cliffs, Prentice-Hall Inc., 1956.

des questions qui vont au-delà de celles de cohérence et de commodité. Mais le type de question soulevé par une sorte de définition diffère de façon frappante du type de question soulevé par l'autre. D'un côté, la question est de savoir si la définition que nous avons devant nous s'accorde avec l'usage linguistique préalable ; d'un autre côté, la question est de savoir si oui ou non le programme exprimé par la définition doit être adopté.

Nous pouvons maintenant résumer la comparaison des trois sortes de définitions générales en qualifiant, grossièrement, l'intérêt sous-tendant chaque sorte. L'intérêt des définitions stipulatives est d'ordre communicatif, c'est-à-dire qu'elles sont proposées avec l'espoir de faciliter le discours ; l'intérêt des définitions descriptives est explicatif, c'est-à-dire qu'elles visent à clarifier l'application normale des termes ; l'intérêt des définitions programmatiques est moral, c'est-à-dire qu'elles visent à inclure des programmes d'action.

Il n'y a évidemment aucun intérêt à opposer les unes aux autres ces trois sortes de définitions générales, pas plus qu'il n'y en a à opposer l'une ou l'autre (ou les trois à la fois) aux définitions scientifiques. Les buts que servent les unes et les autres sont parfaitement légitimes et il n'y a pas lieu de trancher en faveur de telle ou telle sorte ou de les classer toutes sur une même échelle de valeurs. Bien plutôt, il faut souhaiter que l'évaluation critique d'une définition, à quelque type qu'elle appartienne, soit orientée en fonction des problèmes qui sont en jeu lorsqu'elle est utilisée, et à cet égard les distinctions présentes entre différentes sortes de définitions peuvent s'avérer utiles.

Il y a, toutefois, certaines complications qui doivent être envisagées lorsqu'on examine les relations entre différentes sortes de définitions générales. On a souligné plus haut que les mêmes équations ou formules définitionnelles peuvent, selon les occasions, exprimer une définition stipulative, définitionnelle ou programmatique, ceci en fonction du contexte. Peut-il, de surcroît, y avoir une imbrication de types de définitions en une même occasion et pour la même formule définitionnelle ? Une même définition peut-elle, en contexte, appartenir à plus d'un seul type ?

Si nous envisageons cette possibilité d'abord pour les définitions stipulatives et descriptives, nous voyons que l'imbrication des deux est impossible. Les définitions descriptives cherchent à décrire l'usage prédéfinitionnel alors que celles qui sont stipulatives ne le font pas. Aussi, aucune équation définitionnelle ne peut être en même temps stipulative et descriptive.

Qu'en est-il d'une possible imbrication entre définitions stipulatives et programmatiques ? Si nous considérons d'abord les stipulations inventives, il semble à nouveau que cette possibilité soit exclue, dans la mesure où le terme défini, en pareil cas, n'a pas d'application préalable du tout et ne peut, *a fortiori*, distinguer des objets vers lesquels la pratique s'oriente de façon particulière. Aussi, la définition d'un tel terme ne peut-elle exprimer un programme en suggérant soit la modification, soit la continuation d'une pratique associée à celui-ci. Elle ne le peut pas davantage si la phrase de définition dénote des objets uniformément associés à une orientation pratique. Car, pour y parvenir, le terme défini devrait avoir une application initiale qui lui soit propre, différant de, ou s'accordant avec, celle de la phrase de définition. Mais une telle application initiale est justement ce qui fait défaut dans la stipulation inventive.

D'un autre côté, quand on examine la possibilité d'un recoupement entre stipulation non-inventive et définition programmatique en une occasion déterminée, il paraît évident que cette possibilité se réalise souvent. Qui plus est, les raisons pour lesquelles elle se réalise sont, à tout le moins dans de nombreuses occasions, également évidentes. Pour être bref, disons que l'expression d'un programme particulier peut exiger un nouvel appareillage linguistique ; une définition donnée peut, en un même mouvement, créer un tel appareillage et donner à entendre le programme. Les exemples abondent dans les écrits portant sur des questions sociales, mais une seule illustration prise dans le champ éducatif nous suffira ici.

Souvent, dans des écrits récents sur l'éducation, le terme « curriculum » est défini comme se référant à la totalité des expériences de chaque élève (*learner*) exposé à l'influence de l'école[7]. Cette définition a été critiquée à juste titre car elle est

7. Comparez avec l'article « Curriculum Development », lequel est la contribution de O. I. Frederick à l'*Encyclopedia of Educationnal Research*, W. S. Monroe (éd.), New York, Macmillan, 1941, qui affirme que « dans la littérature récente en éducation et sous ce

vague et induit, à différents égards, bien des difficultés, mais le point qui nous retient ici est d'un autre ordre. La définition, il faut le noter, a comme conséquence voulue que deux élèves ne peuvent jamais avoir le même curriculum, chaque école ayant autant de curricula que d'élèves. Ces conséquences constituent une violation claire de l'usage prédéfinitionnel standard du terme « curriculum ». Car, à coup sûr, cet usage ne nous autorise vraiment qu'à parler du curriculum (unique) d'une école donnée, de différentes écoles ayant le même curriculum et du curriculum d'une école qui se trouve maintenu durant un intervalle plus ou moins long durant lequel la population scolaire change du tout au tout.

Cette définition n'est pas une stipulation inventive, car le terme « curriculum » possède un usage préalable, comme nous venons de le voir. Elle n'est pas davantage une simple définition descriptive qui se trouverait être inappropriée, une tentative malheureuse de refléter l'usage prédéfinitionnel. Car si les violations de cet usage sont rendues explicites, elles ne sont pas alors traitées comme si elles contrevenaient à une hypothèse descriptive qui aurait été avancée. Elles sont plutôt considérées typiquement comme des symptômes du caractère distinctif que l'on recherche en avançant la définition, caractère distinctif qui est normalement établi à l'aide d'autres arguments. Ces arguments rendent en général évident le fait que la définition est programmatique, que son but est précisément d'appliquer un terme familier de manière étrange, dans le but de canaliser de manière nouvelle la pratique qui lui est associée. Le caractère programmatique réside en particulier dans l'extension de la responsabilité de l'école, limitée jusque-là à ce qu'on appelle son programme formel d'études, responsabilité qui en vient à recouvrir le développement social et psychologique individuel de ses élèves. Cependant, la présentation de ce caractère exige une

rapport le curriculum scolaire est considéré comme l'ensemble des expériences réelles des élèves exposés à l'influence de l'école. De ce point de vue, chaque curriculum d'élève est jusqu'à un certain point différent de celui de chaque autre élève. Le programme des études est considéré comme un guide écrit suggestif qui doit être utilisé comme une aide à la planification des curricula et à l'enseignement » (passage cité avec la permission des éditions Macmillan).

référence répétée au domaine de responsabilité élargi envisagé, et, pour faciliter une telle référence, la même définition stipule quel sera l'usage nouveau approprié du terme « curriculum ». Ainsi la définition est-elle, par la même occasion, à la fois programmatique et stipulative, en un sens non inventif. En effet, le besoin de la stipulation en question découle du fait qu'on a souscrit à un certain programme.

Lorsqu'on apprécie cette définition dont l'objectif est double, il est hors de propos de se cantonner à sa violation de l'usage prédéfinitionnel. La définition doit plutôt être évaluée simultanément en tant que programme et en tant que stipulation. Nous devons nous poser simultanément la question pratique « la responsabilité de l'école doit-elle s'étendre au développement social et psychologique individuel des élèves ? », et la question linguistique, « l'usage stipulatif du terme "curriculum" est-il cohérent avec les objectifs de la discussion conduite par l'auteur et approprié à ces derniers ? ». Aucune de ces deux questions n'est à elle seule suffisante pour apprécier la définition car une réponse positive peut être faite à l'une et pas à l'autre. Nous pouvons, en conséquence, être d'accord sur le fait que le programme est viable, sans pour autant accorder que la stipulation est cohérente et utile à la discussion en cours. Nous pouvons, plus sérieusement, accorder que la stipulation est formellement valable et adaptée aux buts de la discussion menée par l'auteur, et avoir le sentiment que le programme exprimé est mauvais. Pour que des différences aussi importantes soient permises, les deux questions demandent à être posées concernant les définitions du genre de celle que nous avons examinée.

Il est donc clair que si l'auteur d'une telle définition réussit à montrer que son programme est valable, il n'a pas par là montré que ses stipulations sont utiles. Si son effort vise à démontrer combien ses stipulations sont utiles pour le discours, il n'aura pas davantage démontré que son programme en vaut la peine. Les problèmes linguistiques d'un côté, moraux et pratiques de l'autre, demandent à être pris en compte de façon indépendante.

Souvent cependant, dans des cas d'imbrication entre définitions de type programmatique et stipulatif, les arguments avancés sont à cheval sur les différents buts, parce que l'exigence évoquée à l'instant est oubliée. Ainsi, les critiques de la définition mentionnée ci-dessus de « curriculum » se sont souvent contentés de pointer son aspect vague et diverses autres difficultés, alors que ses défenseurs ont souvent répliqué en faisant l'éloge, sur le plan moral, du programme qu'elle véhicule. Il y a cependant, dans le cas des définitions où stipulation et programme sont mêlés, des caractères typiques qui nous aident à nous rappeler qu'il est besoin d'une double évaluation. Ainsi, l'aspect stipulatif de ces définitions est habituellement rendu en contexte par la présence de certains signes explicites comme le fait que la définition soit introduite expressément en tant que convention dans le but de faciliter la discussion et qu'il n'y ait, en tout cas, aucun effort pour la justifier en la rapportant à l'usage prédéfinitionnel. Mieux, le fait même que cet usage soit normalement modifié par ces définitions non inventives suggère qu'elles peuvent avoir une autre portée, d'ordre pratique. Nous sommes en effet mis sur nos gardes par le caractère étrange même de l'usage stipulé, et conduits à nous demander si ne serait pas là impliqué davantage qu'une simple stipulation.

Cette sorte d'aide-mémoire inclus au contexte n'est en général pas disponible dans le cas qui nous reste à examiner – peut être le plus intéressant – celui dans lequel sont imbriquées définitions descriptives et programmatiques. À l'évidence, on ne trouvera pas là les indices contextuels propres aux stipulations ; de plus, alors que la correspondance avec l'usage préalable peut se montrer vague, la revendication d'une correspondance avec un tel usage sera normalement clairement exprimée. Il peut, c'est certain, y avoir de réelles violations de l'usage antérieur par des définitions descriptives – lorsqu'elles ne sont pas pertinentes. Car il doit être rappelé que les définitions descriptives sont celles qui visent à réfléchir l'usage préalable de manière exacte, et certaines de ces définitions ne parviennent pas à faire ce qu'elles prétendent faire. Des définitions descriptives inadaptées pourront très bien entraîner ainsi des violations de l'usage antérieur lesquelles, dira-t-on peut-être, nous rappellerons à leur tour la possibilité d'une interprétation programmatique. Mais notre conviction que ce manque d'exactitude n'est pas volontaire rend moins vraisemblable l'éventualité qu'il nous mette sur nos gardes et nous suggère une interprétation toute différente, de nature programmatique ; la définition ne semble être après tout qu'une formule descriptive qui a échoué. Peut-être est-ce parce que la violation de l'usage préalable n'offre ici aucun indice fiable suggérant une interprétation programmatique, que des cas d'imbrication entre descriptif et programmatique sont si souvent mal analysés et, du coup, s'avèrent être des sources de confusion dans la sphère sociale. Examinons maintenant cette sorte d'imbrication.

Nous avons déjà noté qu'une définition qui assigne un terme donné exactement à ce à quoi il a été antérieurement assigné et à rien d'autre peut cependant encore exprimer un programme. Supposez par exemple que quelqu'un souhaite s'opposer au programme exprimé par la définition du « curriculum » avancée plus haut. Dans la mesure où cette définition partait de l'usage antérieur du terme, véhiculant ainsi l'idée qu'il serait souhaitable d'étendre les responsabilités de l'école, il serait tout à fait naturel d'exprimer son opposition à une telle expansion en proposant une contre-définition, réfléchissant de manière exacte l'usage antérieur et conçue à cette fin, qui restreigne le curriculum au programme officiel des cours de l'école. Chaque parti serait d'accord en pareil cas sur le principe selon lequel l'école est responsable du curriculum, mais, en analysant la *portée* du curriculum différemment, ils ne conseilleraient pas de mettre en œuvre à l'école les mêmes pratiques.

Ce n'est évidemment pas la seule façon dont une telle différence de programme pratique peut trouver à s'exprimer. Le détracteur de l'expansion pourrait, par exemple, laisser le sens stipulé de « curriculum » s'installer. Il pourrait alors manifester son opposition au programme exprimé en rejetant l'assertion selon laquelle l'école est responsable du curriculum dans sa totalité. Inversement, le promoteur de la responsabilité étendue peut très bien ne pas exprimer son programme à travers une définition stipulative. Il pourrait, par exemple conserver au terme « curriculum » son application usuelle, et poursuivre en affirmant que la responsabilité de l'école va au-delà du curriculum. (Voyez par exemple l'expression « activités hors curriculum » (*extra curricular activities*).) Néanmoins, tant que les partis en présence s'accordent sur l'idée selon laquelle le curriculum est coextensif à la responsabilité de l'école, leurs définitions différentes peuvent s'avérer être des véhicules pour exprimer des programmes éducatifs opposés. Si c'est bien là ce qui est en jeu dans un débat donné, il est important de ne pas s'imaginer, au motif que les vues opposées s'expriment à travers des définitions différentes, que l'enjeu est purement verbal.

La question de savoir si oui ou non un tel débat est, dans un cas déterminé, programmatique n'est pas – répétons-le – simplement une question formelle, susceptible d'être tranchée par un examen portant simplement sur ce qui est dit. Cela dépend beaucoup du contexte dans lequel le débat se déroule, de la façon dont il est conduit, des principes pratiques qu'il présuppose, de la volonté des participants d'accepter certaines reformulations de leurs positions, du fait que les définitions apparaissent (ou non) comme des prémisses pratiques vraisemblables et ainsi de suite. Il peut être difficile dans certains cas de déterminer si le problème en jeu est seulement descriptif ou s'il est également programmatique. Dans de tels cas, il est sage d'adopter l'hypothèse la plus forte selon laquelle l'enjeu est à la fois descriptif et programmatique, et d'évaluer le débat sur les deux plans.

Nous avons examiné un exemple d'imbrication entre programmation et description, en vérité un cas dans lequel la définition est une description exacte et où elle est opposée sur un plan programmatique à une stipulation non inventive. Dans cet exemple, comme précédemment, deux questions doivent être adressées à la définition descriptive – la question pratique « La responsabilité de l'école doit-elle s'étendre au développement social et psychologique individuel de ses élèves ? » et la question linguistique, « La définition reflète-t-elle avec précision l'usage prédéfinitionnel du terme "curriculum" ? ». Ces questions sont, comme dans le cas précédent, logiquement indépendantes, et une réponse positive à l'une n'a aucune incidence sur l'autre. En particulier, même si la définition est en fait linguistiquement exacte ou correcte, rien ne s'ensuit en ce qui concerne le programme exprimé.

Nous allons maintenant nous tourner vers une autre forme d'imbrication entre programmation et description, dans laquelle des cas non décidés sont impliqués et deux définitions aussi précises l'une que l'autre peuvent cependant être opposées sur le plan programmatique. On doit se rappeler que nous avons noté précédemment l'existence de cas-limites, qui ne tombent pas clairement sous l'usage préalable du terme mais qui n'échappent pas non plus clairement à cet usage. Nous avons remarqué qu'en ce qui concerne de tels cas, les définitions descriptives sont libres de trancher dans un sens ou dans un autre sans compromettre leur pertinence. Aussi peuvent-elles servir, en conséquence, tant à instituer un nouvel emploi qu'à décrire l'emploi préalable. (En fait, on peut douter qu'une définition descriptive précise puisse jamais échouer lorsqu'il s'agit d'instituer un nouvel usage.) Il s'ensuit que des définitions qui se présentent comme autant d'alternatives également correctes quant à la description de l'usage préalable d'un terme peuvent différer entre elles lorsqu'il s'agit de légiférer dans des cas jusque-là non décidés. Si les cas non décidés en question induisent des *alternatives dans le domaine de la pratique*, l'enjeu peut très bien s'avérer programmatique. Nous allons maintenant illustrer cette situation.

Il est toutefois important d'accorder une attention spéciale au fait que des définitions précises concurrentes sont possibles, et qu'en conséquence il ne faut pas supposer qu'à chaque terme ne correspond qu'une et une seule définition correcte. Ce cas de figure n'est d'ailleurs pas limité aux définitions générales. En science, la rivalité entre des définitions précises (au moins en ce qui concerne l'usage scientifique) est d'occurrence fréquente. Il arrive que les choix retenus dans de tels cas ne fassent aucune différence sur le plan scientifique, d'où le fait qu'ils peuvent être effectués de façon arbitraire. Parfois le choix est motivé par des considérations de simplicité théorique ou de commodité, plutôt que par le désir d'intégrer les cas-limites à tel groupe plutôt qu'à tel autre. Parfois tout de même ce désir entre en ligne de compte et la question pertinente devient alors « Comment ces cas-limites doivent-ils être considérés en relation avec les buts scientifiques ? ». Ceci est une question de pratique, si vous voulez, mais elle est indépendante de toute considération de politique sociale ou de morale, et tombe à ce titre en dehors du champ de la notion de pratique, telle que nous l'avons analysée jusqu'ici.

Dans le cas des définitions générales, cependant, une telle indépendance ne doit pas être considérée comme allant de soi. La décision touchant les cas-limites peut, en fait, être précisément le lieu où les différences dans les programmes sont exacerbées. Qui plus est, à la différence de l'exemple précédent, dans lequel une définition descriptive était opposée à une stipulation qui violait de façon patente l'usage antérieur, l'opposition de programme, lorsqu'elle porte sur des cas-limites, peut se trouver incluse dans des définitions concurrentes dont la correction n'est pas en question. Nous sommes maintenant prêts à nous tourner vers certains exemples.

On trouve dans le contexte juridique des exemples clairs de définitions qui légifèrent dans le domaine pratique tout en cherchant à résumer l'usage (légal) antérieur. Supposons qu'une nouvelle secte soit fondée, et que celle-ci n'ait ni credo, ni livre sacré, mais s'emploie en revanche à promouvoir des rituels et des hymnes, et aussi des réunions supposées améliorer la conduite des hommes et leurs attitudes éthiques. Cette secte doit-elle être appelée « religion » ? L'usage préalable de ce mot peut être confus, mais selon que la définition légale devant être adoptée s'appliquera à cette secte ou non, elle pourra prétendre (ou non) aux avantages que la loi accorde aux institutions religieuses. Deux définitions de « religion » également correctes en ceci qu'elles couvrent adéquatement les cas clairs d'usage prédéfinitionnels, peuvent très bien diverger quant à la façon de classer notre secte imaginaire. Tant que seule la signification standard préalable du terme « religion » est concernée, ces deux définitions sont correctes ; aucune ne peut être dite supérieure à l'autre pour autant que seules des considérations de signification sont en jeu.

Il est clair que ces définitions dans le contexte juridique sont de nature programmatique aussi bien que descriptive, leur rôle étant de diriger la politique à suivre en ce qui concerne le nouveau cas, autant que de résumer l'usage antérieur. Pour effectuer un choix parmi ces définitions, il nous faudrait sortir du domaine des considérations portant sur la signification et faire intervenir des considérations d'un autre ordre, relevant cette fois de la morale et de la pratique. Il nous faudrait nous demander par exemple : « Les conséquences sociales résultant du classement de la secte parmi les religions sont-elles plus ou moins désirables que celles qui découleraient du fait de la ranger sous le label "non religieux" ? » L'enjeu qui se trouve impliqué ici n'est évidemment pas de nature verbale, mais morale et pratique, et doit être tranché sur des bases elles-mêmes morales et pratiques. Ce serait une fâcheuse erreur que de conclure qu'une définition proposée est une description exacte et, à partir de là, de formuler l'enjeu moral en en appelant à la seule définition.

Les questions de définition du genre de celle que nous venons d'examiner sont récurrentes, généralement dans la pensée juridique et sociale. Leur occurrence revêt souvent un caractère frappant lorsque le changement social nous met en présence d'utilisations limites de termes sociaux familiers, lesquelles réclament de manière urgente une décision. Considérez par exemple la difficulté qu'il y a à redéfinir « propriété », « droits économiques » etc., dans des conditions qui sont celles d'une industrialisation sans précédent, ou de la récente conquête de l'espace. Notre vocabulaire social, pourrions-nous dire, est le reflet de notre environnement social familier, en référence auquel nos principes d'action se sont cristallisés ; de nouvelles décisions en matière sociale peuvent être exprimées par une redéfinition des termes dudit vocabulaire, de façon à mettre nos règles habituelles en mesure d'affronter un environnement changeant. Comme nous l'avons noté précédemment d'un autre point de vue, l'expression de telles décisions n'est pas nécessairement dans tous les cas une redéfinition ; néanmoins, la redéfinition est souvent employée en ce sens et elle est alors programmatique dans les cas semblables.

Le point important qui ressort d'une réflexion sur ces exemples est que l'exigence de précision dans les définitions, même là où elle est pleinement remplie, ne peut par elle-même venir appuyer quelque programme controversé que ce soit, programme qui serait impliqué dans le fait d'appliquer la définition à des cas-limites. Il s'est trouvé bien des penseurs pour dire qu'ils avaient pénétré la signification réelle et unique des termes sociaux, à la lumière de laquelle ils pouvaient décider ce qu'il convenait de faire dans des sphères sociales offrant matière à controverse. Connaissant la seule définition réelle de « société », « État », « homme » etc., ils ont supposé qu'ils pouvaient dériver à partir de là des impératifs sociaux susceptibles de régir les conditions nouvelles appelant des décisions. Si l'analyse précédente est correcte, leur prétention est entièrement déplacée. Car, d'abord, il y a des façons alternatives de définir de manière descriptive l'État, la société, l'homme, etc., tout aussi fidèles à l'usage préalable mais différant dans leur traitement des cas nouveaux. En second lieu, qui plus est, il y a toujours la possibilité de modifier même l'usage antérieur, dans le but de véhiculer un programme pratique. (Nous avons illustré cette possibilité en discutant du chevauchement entre stipulation non-inventive et définition programmatique dans le cas du terme « curriculum ».) En troisième lieu, finalement, les définitions de termes sociaux, considérées de façon isolée, n'entraînent aucune conséquence pratique ; elles demandent pour cela à être supplémentées en contexte par des principes d'action. (Dans le cas du « curriculum », rappelez-vous, par exemple, le principe selon lequel le curriculum est coextensif à la responsabilité de l'école.) C'est uniquement en relation avec de tels principes que les définitions de termes sociaux servent à amener des conséquences pratiques. La possibilité existe donc toujours de contrer les conséquences en question en souscrivant à la définition dans la mesure où elle est exacte et en rejetant le principe pratique qui se trouve présupposé. En bref, le saut de la définition à l'action est long et hasardeux, même là où la définition est indiscutablement exacte en tant que compte rendu de la signification[8].

Les considérations qui précèdent sont hautement pertinentes pour ce qui touche à l'usage des définitions en éducation. Offrir une définition du terme « éducation », par exemple, dans des contextes non-scientifiques revient souvent à suggérer un programme tout autant qu'à établir une équation qui soit exacte par rapport à l'usage préalable. Même là où cette équation est exacte, *cette exactitude ne peut pas être avancée comme mesure de la valeur du programme éducatif exprimé*. Différents programmes sont compatibles avec l'exactitude définitionnelle et la justification de quelque programme que ce soit est une autre affaire.

Les définitions de termes en éducation, à coup sûr, ne sont en général pas inscrites dans un réseau précis de règles pratiques

8. Karl Popper, dans son ouvrage, *La société ouverte et ses ennemis* a vigoureusement critiqué ce qu'il nomme « essentialisme », la recherche de significations essentielles pour des termes de base ; le présent paragraphe doit beaucoup à son traitement de la question. Néanmoins, il diffère de la défense poppérienne de l'idée que les définitions n'auraient qu'une fonction abréviative, en ceci que nous admettons ici des définitions descriptives dotées d'un pouvoir explicatif. L'essentialisme n'en est pas moins évité dans la mesure où une interprétation extensionnelle des définitions descriptives est maintenue, ce qui rend possibles différentes définitions de chaque notion.

comme peuvent l'être les définitions en matière de droit, mais en se combinant à des principes d'action à la fois globaux et informels (quoique socialement fondamentaux), ils servent néanmoins souvent à véhiculer des débats portant sur de nouveaux programmes en éducation. Nous avons déjà vu un exemple avec le cas que constitue le terme « curriculum ». Les définitions en éducation ressemblent ainsi, peut-on dire, aux définitions en art, lesquelles quoique n'ayant aucune portée légale, servent elles aussi à exprimer des conceptions changeantes des tâches de l'artiste [9]. Par exemple, les définitions des novateurs étendent souvent l'emploi du terme « œuvre d'art » à de nouvelles sortes d'objets ; la définition opposée à laquelle les conservateurs sont attachés refuse que le terme soit appliqué aux objets en question. Les deux ensembles de définitions sont, qui plus est, souvent en accord avec la tradition artistique, c'est-à-dire qu'ils sont en conformité avec l'usage préalable. La controverse ne peut donc être tenue, en pareil cas, pour une simple affaire de signification des mots. Il y va plutôt de programmes artistiques différents, véhiculés par des définitions programmatiques opposées, lesquelles sont, les unes et les autres, en tant que descriptions correctes. Une tentative pour définir une œuvre d'art n'est pas, selon les termes de Collingwood, « une tentative pour chercher et exposer des vérités éternelles concernant la nature d'un objet éternel appelé Art », mais plutôt pour apporter « une solution à certains problèmes résultant de la situation où se retrouvent les artistes ici et maintenant » [10]. L'éducation, comme l'art, la littérature et d'autres aspects de la vie sociale, change de style et de problèmes en réponse à des conditions elles-mêmes changeantes. Ces conditions appellent des décisions touchant la façon de nous situer pratiquement par rapport à elles. De telles décisions peuvent être incluses dans la révision de nos principes d'action ou dans nos définitions des termes pertinents, ou encore dans les deux. Lorsqu'une élaboration de définitions

9. Pour ce qui est des points avancés dans ce paragraphe, je suis redevable à P. Ziff, « The task of defining a work of art », *The Philosophical Review*, 62 : 58, janvier 1953.

10. R. G. Collingwood, *The Principles of Art History*, Oxford, Clarendon Press, 1938, p. vi, cité par Ziff, *op. cit.*

nouvelles est menée avec de tels buts, il n'y a pas de saisie spéciale de la signification qui nous dirait comment les révisions et les extensions doivent être conduites. Une inspection des seules significations réelles des mots (si cela était possible) est hors de propos ici, il convient bien plutôt de mener, à la lumière de nos engagements, un examen des alternatives pratiques qui s'ouvrent à nous et des différentes manières de faire que les décisions souhaitées prennent effet.

La manière dont ce point est souvent ignoré dans les écrits spécialisés en éducation peut être illustré par la description qui suit d'un nouveau programme d'enseignement secondaire.

> Le curriculum était organisé autour de quatre sortes d'activités, des projets d'histoires, des projets de réalisations manuelles, des projets de jeu et des projets d'excursions ; l'occasion était fournie d'évaluer de façon continue les activités, et cette évaluation était dirigée par les élèves. L'organisation de ce programme scolaire procédait naturellement de la conviction que la signification fondamentale du concept d'éducation est d'aider les garçons et les filles à participer activement au monde qui les entoure.

Le problème est ici posé en termes de significations fondamentales. Mais en fait, qu'est-ce qui se trouve en jeu ? Des occurrences évidentes du concept d'éducation, incorporées à l'emploi du mot précédant certaines innovations modernes, n'incluaient pas le jeu et les excursions ou encore l'évaluation continue des élèves par eux-mêmes comme caractéristiques du programme d'éducation. Mais certaines occurrences également évidentes, à l'image du présent exemple, impliquent des institutions spéciales, une direction globale par les adultes, l'évaluation de la réussite et ainsi de suite. La présente innovation éducative est en fait à la fois suffisamment semblable aux occurrences passées indiscutables et suffisamment différente de ces dernières pour constituer un cas-limite.

Proposer une réforme de l'éducation selon les axes énoncés par le passage ci-dessus revient à dire qu'une telle démarche devrait être entreprise sous l'égide de l'école. La proposition peut ainsi être vue comme une assimilation du cas-limite aux cas évidents antérieurs, assimilation préservant tous ces principes d'action qui expriment ce qu'est positivement l'orientation de notre effort éducatif. La définition avancée tente précisément de faire cela en insistant sur les ressemblances, c'est-à-dire sur le but commun qui est d'aider les garçons et les filles à participer activement au monde autour d'eux. Il serait cependant facile de concocter des définitions concurrentes tirant parti des différences et séparant la nouvelle réforme des occurrences antérieures évidentes du terme « éducation ». En bref, l'enjeu est d'ordre pratique et réclame une évaluation faisant intervenir nos préférences et nos engagements aussi bien que les effets escomptés. Ce qui doit être fait concernant cette proposition de réforme éducative relève de notre responsabilité pratique et ne peut en rien être décidé par un examen du concept d'éducation.

Considérons maintenant un dernier exemple d'une nature un tant soit peu plus abstraite. Dans les discussions portant sur l'éducation, il est dit souvent qu'une définition du terme « homme » est susceptible de fournir des directions pour l'élaboration de curricula et l'évaluation de méthodes d'enseignement [11]. Il est vrai, en effet, que la manière dont nous organisons nos efforts éducatifs et conduisons nos écoles est conditionnée par des définitions répandues de la nature humaine. Ce n'est pas, comme nous l'avons vu, que les conséquences éducatives pratiques soient dérivables de définitions précises prises en elles-mêmes, mais plutôt qu'elles peuvent être entraînées par de telles définitions dans des contextes où les principes d'action concernés sont considérés comme allant de soi. La conclusion souvent tirée dans les théories éducatives est que nous devons d'abord décider ce qu'est la définition correcte du terme « homme » et qu'ensuite nous pourrons inférer les conséquences éducatives pratiques en appliquant purement et simplement la logique.

Cette manière de voir est cependant fausse, non seulement parce qu'elle postule une simple implication déductive entre les définitions de la nature humaine et les conséquences éducatives

11. En lien avec ce qui précède, on peut lire par exemple C. J. Ducasse, « What can philosophy contribute to educationnal theory ? », *Harvard Educational Review*, 28 : 285, automne 1958. Ducasse se demande quelles sont les différentes dimensions de la nature humaine et voit dans la réponse à cette question un préliminaire à la détermination des principales dimensions de l'éducation, lesquelles, dit-il, « correspondent évidemment à celles de la nature humaine ».

pratiques, mais aussi en ce qu'elle ne parvient pas à prendre en compte différents points que nous avons précédemment relevés à propos des définitions qui sont à la fois descriptives et programmatiques. Il y a un nombre indéfini de définitions concurrentes du terme « homme », un nombre indéfini de manières de prendre la mesure de ses capacités et de sa structure. Choisir une manière de le faire en raison de sa précision et attribuer aussitôt à chaque dimension mesurée des retombées en matière de curriculum, comme on le fait souvent, revient à soulever tout le problème. Lorsqu'on poursuit un but éducatif et qu'on choisit une définition, une des bases du choix de celle-ci doit être la considération des conséquences touchant les pratiques éducatives que l'on peut effectivement attendre de son adoption. Le caractère programmatique de telles définitions signifie qu'elles réclament une évaluation en relation avec le programme qu'elles véhiculent. Une telle évaluation peut conduire à adopter une stipulation non-inventive violant l'usage antérieur ; ceci nous conduit à coup sûr à différencier entre elles des définitions descriptives véhiculant des programmes différents. C'est précisément parce que les définitions de cette dernière sorte sont programmatiques que leur adoption devrait suivre et non point précéder l'évaluation sur un plan moral et pratique des programmes qu'elles véhiculent. L'examen des significations ne peut se substituer à une telle évaluation.

Un point mérite d'être relevé concernant cette fois le transfert de définitions de la science à l'éducation, un transfert dont nous avons déjà suggéré les dangers. Nous avons remarqué que les définitions scientifiques étaient en continuité avec les théories et les preuves dans leurs domaines respectifs, et qu'il était pour cette raison préférable de les traiter à part. Elles ne peuvent être accordées à nos catégories stipulatives, descriptives et programmatiques sans distorsion sérieuse. Elles doivent être en gros jugées en fonction de leur contribution au succès, dans sa tentative pour rendre compte des faits, du réseau de concepts scientifiques auquel elles se rattachent. Il s'ensuit qu'utiliser de façon programmatique une définition scientifique, ne dispense en rien d'évaluer le programme induit par une telle utilisation. Le fait qu'une définition soit appropriée sur le plan scientifique n'est pas davantage le signe de la viabilité d'un tel programme sur le plan pratique, que ne l'est la précision par rapport à l'usage préalable.

Au bout du compte, il convient de prendre acte de la vérité opposée. Tout comme l'exactitude d'une définition ne permet pas automatiquement de conclure que le programme qui va avec en vaut la peine, le manque d'exactitude ne permet pas non plus de conclure automatiquement que le programme n'est pas viable. Nous avons déjà noté, dans le cas des définitions stipulatives non-inventives qui sont en même temps programmatiques, la possibilité qu'un programme soit viable tout en étant véhiculé en tant que description inexacte. Néanmoins, les auteurs avancent souvent, de façon injustifiée, que leurs définitions sont exactes dans la mesure où leurs programmes sont viables, et ils prêtent le flanc à la réponse – tout aussi peu justifiée – que leurs programmes ne peuvent être viables puisque leurs définitions ne sont pas exactes. Lorsque le problème est ainsi formulé, il convient de couper court à l'esprit partisan et non de l'encourager. On doit reconnaître, en bref, que la même formule définitionnelle peut, en une occasion donnée, s'avérer à la fois descriptive et programmatique, et qu'elle requiert en conséquence une double évaluation.

Chapitre 2
Les slogans en éducation

Les slogans en éducation diffèrent clairement des définitions, et ce de nombreuses manières. Ils sont à la fois non systématiques, moins solennels, plus populaires et sont supposés être répétés de façon enthousiaste ou rassurante plutôt que médités gravement. Ils n'ont pas une place importante dans l'exposition des théories éducatives. Ils n'ont pas de forme standard et ne prétendent ni faciliter le discours ni expliquer la signification des mots. Nous disons des définitions qu'elles apportent une clarification, mais non des slogans ; un slogan peut être enthousiasmant mais pas une définition.

Les slogans en éducation fournissent des symboles de ralliement (*rallying symbols*) aux idées et aux attitudes-clés des mouvements éducatifs. Ils expriment et entretiennent la communauté d'esprit, attirant de nouveaux adhérents et réactivant les convictions et l'énergie des anciens. De ce point de vue, ils sont analogues aux slogans religieux et politiques et, à l'image de ces derniers, sont les produits d'un esprit militant. Dans la mesure où les slogans n'ont aucune prétention à faciliter la communication ou à refléter les significations, quelques-uns des points les plus importants du chapitre précédent sont sans pertinence ici. Personne ne défend un slogan en le présentant comme une stipulation utile ou un reflet précis de la signification des termes qui le constituent. Il est donc inutile de critiquer un slogan en mettant en avant le fait que sa forme est inadéquate ou qu'il transcrit improprement l'usage.

Il y a néanmoins une importante analogie avec les définitions et elle demande à être discutée. Les slogans, avons-nous dit, fournissent des signes de ralliement aux idées et attitudes-clés des mouvements, idées et attitudes qui peuvent trouver ailleurs une expression plus complète et plus littérale. Avec le temps, cependant, les slogans en viennent souvent à être pris au pied de la lettre, tant par ceux qui y souscrivent que par les détracteurs des mouvements qu'ils représentent. Ils sont de plus en plus considérés comme étant littéralement des doctrines ou des arguments plutôt que des signes de ralliement. Quand cela se produit, il devient important d'évaluer le slogan à la fois comme une simple assertion et comme le symbole d'un mouvement social dont la finalité est pratique sans, qui plus est, confondre l'un et l'autre aspect. C'est dans le fait d'exiger une double évaluation que se trouve l'analogie suggérée plus haut entre les slogans et les définitions.

En éducation, une double évaluation de cette sorte est peut-être plus importante que dans le cas des slogans politiques ou religieux, car, tout au moins dans les pays occidentaux, les éducateurs ne sont pas assujettis à la discipline d'une doctrine officielle et ne sont pas organisés autour d'un credo comme le sont les groupes religieux et politiques [1]. Les idées éducatives exprimées dans des travaux nuancés et souvent difficiles, acquièrent vite une influence sur les enseignants dans des versions popularisées. Aucune discipline ou autorité officielle n'est là pour défendre les doctrines initiales ou telle ou telle de leurs interprétations, faisant en sorte qu'elles conservent une préséance sur les versions populaires dans des moments critiques, comme cela se produit en revanche couramment dans le domaine religieux ou politique. Les slogans éducatifs se transforment souvent en doctrines opérationnelles autonomes qui incitent en tant que telles à un travail d'évaluation critique et l'exigent en même temps. Il est important de se rappeler, au point où nous en sommes, que même si une telle critique est pleinement justifiée, elle demande à être complétée par une critique indépendante portant sur les orientations pratiques qui ont donné naissance aux slogans concernés au même titre que sur les doctrines

1. Il est évident que je ne suis pas en train de suggérer qu'une telle organisation pourrait être souhaitable, mais seulement que son absence rend plus urgente l'exposition des slogans à une double critique.

apparentées. Nous pouvons résumer notre propos en disant que ce dont nous avons besoin, c'est d'une critique aussi bien de la signification que des finalités pratiques des slogans ; quant aux doctrines apparentées, elles doivent de plus être évaluées de façon indépendante.

L'exemple de l'influence en éducation de John Dewey est instructif. Ses thèses nuancées et savantes ont bien vite été fragmentées et traduites en formules frappantes, de nature à servir de slogans aux nouvelles tendances progressistes de l'éducation américaine. Dewey lui-même a critiqué l'emploi qui a été fait de certaines de ses idées [2], et ses critiques ont pour effet d'inviter à une réévaluation et à une réflexion. Il était, après tout, le leader revendiqué par ce mouvement. Les slogans progressistes, cependant, ont acquis une vie propre. Ils ont été défendus comme des propositions à prendre au pied de la lettre et attaqués en tant que tels. En particulier, les critiques ont souvent commencé par attribuer les défauts littéralement présents dans les slogans progressistes à la doctrine apparentée de Dewey et ont poursuivi en concluant que les mouvements progressistes se sont montrés indignes d'attention tant dans leurs buts que dans leur démarche.

Le fait que la signification et les finalités pratiques réclament une critique propre peut être illustré par la considération du slogan suivant : « Nous enseignons à des enfants, nous n'enseignons pas des matières » (*subjects*). Compte tenu du fait que cette formule et d'autres analogues ont parfois été traitées comme des affirmations littérales, et non simplement comme des symboles de ralliement destinés aux mouvements progressistes, examinons à notre tour littéralement cette affirmation. A-t-elle un sens ?

Supposons que je vous dise avoir passé toute l'après-midi d'hier à enseigner à mon fils. Vous auriez parfaitement le droit de me demander « que lui avez-vous enseigné ? ». Vous n'espéreriez pas nécessairement un type unique de réponse, comme par exemple le nom de tel ou tel objet d'étude académique. Si, au lieu de vous répondre « les mathématiques » je vous répondais : « comment jouer le premier piquet » [3] ou « comment être

2. J. Dewey, *Experience and Education*, New York, Macmillan, 1938.
3. Au base-ball. (NDT)

poli » ou « l'importance d'être constant » [4], vous seriez satisfait. Mais, supposez qu'en réponse à votre question j'ai dit « oh ! rien en particulier, je lui ai simplement enseigné et puis c'est tout » vous seriez, je pense, en peine de comprendre à quoi nous avons bien pu occuper l'après-midi. C'est comme si vous m'aviez demandé « qu'avez-vous eu à dîner ? » et que j'aie répondu « oh, rien j'ai simplement dîné mais je n'ai rien eu *pour* dîner ».

Je pourrais, bien sûr, dire avec raison dans ce dernier cas « je ne puis m'en rappeler » ou « je ne me rappelle pas le nom du plat ». Mais dans chacun de ces cas, je reconnais que votre question peut recevoir une réponse vraie, nommant ou décrivant une nourriture, bien que je ne sois, pour une raison ou pour une autre, pas en mesure de la fournir. Dire cependant « je n'ai rien eu *pour* le dîner, j'ai simplement dîné » revient à nier que votre question puisse recevoir une telle réponse vraie, et c'est cette négation qui rend l'assertion impossible à comprendre. De semblable façon, pour en revenir à l'exemple concernant l'enseignement, je pourrais, bien sûr, dire « je ne puis me rappeler le nom du livre » ou « je ne puis me rappeler le nom du style de nage » voire même « je ne pense pas être capable de te décrire cela au pied levé » (supposons qu'il s'agisse d'une stratégie compliquée au jeu d'échec). Si, cependant, je ne disais rien de tout cela mais insistais plutôt sur le fait que je n'ai rien enseigné au garçon, vous ne parviendriez pas à me comprendre ou, du moins, à tenir mes propos pour littéralement vrais.

Ce qui précède doit être distingué d'un autre cas, celui dans lequel vous me demandez « que lui avez-vous enseigné ? » au sens de « qu'avez-vous réussi à lui enseigner ? ». En réponse à cette question, il m'est parfaitement possible de répondre « rien ». Il m'est parfaitement possible d'avoir enseigné l'algèbre à une personne et que cet enseignement soit demeuré sans succès aucun. Je ne lui ai rien enseigné, même si j'ai passé du temps à lui enseigner l'algèbre, j'ai essayé de l'amener à apprendre l'algèbre, mais il n'a pas réussi à apprendre.

4. Allusion, évidemment, à *The Importance of Being Earnest* d'Oscar Wilde. (NDT)

Demander, toutefois, dans les termes de notre question initiale « que lui as-tu enseigné ? » n'est pas demander « qu'as-tu réussi à lui enseigner ? ». C'est plutôt demander « qu'as-tu essayé de lui faire apprendre ? ». Comme pour cette question, si je répondais « rien, je lui ai simplement enseigné, mais je n'ai pas essayé de lui faire apprendre quoi que ce soit », vous seriez, je pense, réellement troublé. La conversation serait aussi mal engagée que si j'avais dit : « J'ai passé l'après-midi d'hier à enseigner la natation » et qu'en réponse à la question « à qui ? », je répondais « oh ! à personne ; j'enseignais simplement, et c'est tout ». Si personne n'enseigne quoi que ce soit à moins qu'il ne l'enseigne à quelqu'un, il est également vrai que personne ne peut avoir entrepris d'enseigner à quelqu'un sans avoir entrepris de lui enseigner quelque chose.

Revenons-en maintenant à l'affirmation : « Nous enseignons à des enfants et non pas des matières. » Si nous prenons le mot « matière » comme un terme général sans restriction aux matières académiques, il apparaît que l'énoncé ne peut être interprété d'une façon qui soit à la fois vraie et littérale puisqu'il semble dire, de façon toute littérale : « Nous enseignons à des enfants mais nous n'essayons pas de leur faire apprendre quoi que ce soit. » Nous avons, il est vrai, vu précédemment que le fait de nier qu'on apprenne quoi que ce soit est légitime quand la question porte sur le succès de l'enseignement et non point sur son intention. Mais ce fait n'est à coup sûr d'aucun secours s'il s'agit d'interpréter le slogan en présence duquel nous nous trouvons car la phrase qui résulterait d'une telle interprétation s'énoncerait de la manière suivante : « Nous enseignons aux enfants, mais nous échouons dans tout ce que nous leur enseignons ». Cette dernière phrase serait, en tout cas, difficilement tenue pour vraie par les promoteurs de quelque mouvement éducatif que ce soit. Pris littéralement, le slogan est un énoncé d'échec et ne peut être sérieusement utilisé comme prémisse dans quelque argumentation que ce soit.

Cependant, parvenir à cette conclusion c'est ne pas apprécier la fonction pratique du slogan, les buts qu'il symbolise, les tendances éducatives auxquelles il est associé. Quel était en fait son but pratique ? En bref, il s'agissait d'attirer l'attention sur l'enfant, d'assouplir ce que l'éducation peut avoir de formel et de rigide, de libérer le processus de scolarisation de l'assujettissement à certains standards et conceptions d'adulte et de manières d'enseigner par trop mécaniques, d'encourager le développement de l'imagination, de la sympathie et de la compréhension du monde de l'enfant par le maître. Connaître le contexte éducatif dans lequel a été formé un tel message pratique revient à saisir la pertinence de son propos. Inversement, que le message soit à-propos, c'est là une chose qui ne peut être entrevue sans référence au contexte. C'est là une longue histoire à raconter, mais une citation d'une étude récente nous servira à en indiquer les éléments les plus remarquables. Citant l'enquête menée en 1892 par Joseph Rice sur les écoles publiques américaines, enquête basée sur la visite de 36 villes et durant laquelle Rice s'entretint avec 1 200 maîtres, L. A. Cremin écrit[5] :

> L'histoire de Rice présente tous les traits du journalisme destiné à faire de l'expression « presse à scandale » une expression courante en Amérique. Ville après ville, l'apathie publique, les influences politiques, la corruption et l'incompétence conspirent pour ruiner les écoles… Un principal de New York, interrogé sur la question de savoir si les élèves étaient autorisés à bouger leur tête répondit : « Pourquoi regarderaient-ils derrière eux alors que leur maître est en face d'eux ? » Une maîtresse de Chicago exerçant ses élèves en vue d'un concert les harangua en leur lançant l'injonction qui suit : « N'arrêtez pas de penser, dites-moi ce que vous savez ! » À Philadelphie, l'administration des quartiers contrôlait la rémunération des maîtres et des principaux ; à Buffalo, le superintendant de la ville était seul à superviser le travail de sept cents enseignants. Avec une fréquence alarmante, l'histoire s'avérait être la même : des politicards payant les services de maîtres sans expérience, lesquels condamnaient aveuglément les innocentes têtes blondes dont ils avaient la charge à répéter ensemble des chansons, à apprendre par cœur et à pratiquer un verbiage vide de sens.

Compte tenu d'une telle situation, qu'il soit à-propos d'apporter au monde de l'enfant une attention renouvelée est évident. Il est, qui plus est, facile de voir que le fait de porter une appréciation positive sur cette attention (laquelle est le but pratique de notre slogan[6]) est entièrement indépendant des

5. L. A. Cremin, « The progressive movement in American education : a perspective », *Harvard Educational Review*, 27 : 251, automne 1957.
6. En parlant de l'à-propos du but pratique d'un slogan, j'entends son applicabilité dans le contexte d'une occasion d'emploi particulière.

critiques que nous avons avancées contre son sens littéral. Autrement dit, quelqu'un qui accepterait lesdites critiques et saluerait en même temps le fait que le slogan mette l'accent sur certaines choses ne commettrait aucune erreur logique. S'interroger sur l'opportunité d'applaudir à ce qu'un slogan suggère de faire, c'est là une question distincte, qui réclame que l'on considère des enjeux moraux et pratiques en relation avec un contexte déterminé. Il est clair, au bout du compte, que la pertinence pratique d'un slogan, de même que l'inclination à l'approuver peuvent varier avec le contexte d'une façon tout à fait indépendante de ce qu'il énonce littéralement. S'agissant du slogan dont il a été question précédemment, beaucoup auront le sentiment que son message pratique a maintenant, par rapport à ce qui fut autrefois, perdu son urgence, qu'il est désormais soit dépourvu de pertinence, soit bien moins justifié dans la situation éducative actuelle. Ces revers de fortune affectant les buts pratiques affichés par un slogan tiennent à ce que les temps et les problèmes changent ; ils ne peuvent résulter des carences du slogan entendu comme expression littérale d'une doctrine, laquelle ne varie pas.

Un corollaire important est qu'il peut arriver que des doctrines qui se contredisent littéralement les unes les autres peuvent néanmoins, leur but pratique les amenant à insister sur certaines choses, s'avérer, pour ce qui touche à ces dernières, abstraitement compatibles ; mais les choses ainsi soulignées peuvent voir leur pertinence et leur justification morale changer d'un contexte à un autre. Autrement dit, il n'y a peut-être pas lieu de supposer que nous sommes en présence d'un conflit irréductible entre des propositions pratiques, dont une d'entre elles au moins doit être catégoriquement rejetée. Ce point peut être illustré par l'examen d'un énoncé qui a acquis le statut typique de slogan en éducation, l'affirmation qu'il n'y a pas

En parlant de l'évaluation ou de la justification de ce but pratique, je renvoie à la question de savoir si oui ou non une telle application devrait être conduite. En guise d'illustration, comparez avec le cas des impératifs. Considérez l'impératif « Allumez la lumière ! », proféré en une occasion déterminée. Il n'est à-propos en cette occasion que si la lumière n'est pas déjà allumée. Cependant, même s'il est à-propos nous pouvons toujours nous demander si la lumière doit être allumée.

d'enseignement (*teaching*) sans apprentissage (*learning*). Tout comme il ne peut y avoir d'achat sans vente, il ne peut y avoir d'enseignement sans apprentissage. Un auteur récent [7] a argumenté contre cette affirmation, en nous demandant de nous arrêter sur un contre-exemple, celui du maître qui a fait de son mieux pour enseigner à ses élèves une certaine leçon mais qui n'a pas réussi à la leur faire apprendre. Dirons-nous de cet homme qu'en fait il n'a pas enseigné, qu'il n'a pas mérité son salaire et qu'il n'a pas assumé ses responsabilités ? À coup sûr cet exemple montre qu'il peut y avoir de l'enseignement sans apprentissage.

Si nous tenons simplement les deux affirmations « Il ne peut y avoir d'enseignement sans apprentissage » et « Il peut y avoir enseignement sans apprentissage » pour l'expression de doctrines demandant à être prises au pied de la lettre, nous devons admettre qu'elles sont contradictoires. De plus, nous devons admettre que le contre-exemple avancé contre la première de ces deux affirmations en est bien un et montre qu'elle est fausse. Si nous avons sous les yeux un cas effectif d'enseignement sans apprentissage, alors nous devons rejeter la doctrine qui nie l'existence de tels cas. Qui plus est, le contre-exemple se trouve être un cas réel d'enseignement sans apprentissage. En bref, nous avons apparemment ici une contradiction patente entre deux affirmations, dont l'une est fausse.

7. H. S. Broudy, *Building a Philosophy of Education*, Prentice-Hall, Englewood Cliffs, 1954, p. 14. Broudy écrit : « Beaucoup d'éducateurs, de façon plutôt maladroite, reprennent la maxime "s'il n'y a pas d'apprentissage, il n'y a pas d'éducation". Ce n'est là qu'une manière de parler parce qu'aucun éducateur ne croit réellement que c'est vrai et s'il le croyait il refuserait en toute honnêteté la plus grande partie de son salaire. Il y a une différence entre un enseignement couronné de succès et un enseignement qui échoue, tout comme il y a une différence entre une intervention chirurgicale réussie et une intervention ratée… Enseigner, c'est essayer de façon délibérée de faire avancer certains apprentissages. Lorsque d'autres facteurs entrent en jeu qui compromettent ces apprentissages, l'enseignement échoue. Quelquefois les facteurs en question sont à chercher du côté du maître, quelque fois du côté de l'élève, quelque fois dans l'air qu'ils respirent l'un et l'autre, mais pour autant qu'un effort prolongé a été fait, il y a eu enseignement. »

Il est, de surcroît, facile de voir pourquoi l'affirmation « Il ne peut y avoir d'enseignement sans apprentissage » semble plausible, en tant que doctrine littérale, bien qu'elle soit en fait fausse. Car bien que dans certains usages du verbe « enseigner » le succès n'est pas impliqué, il l'est dans d'autres. Nous avons déjà noté la différence entre demander « Que lui enseignais-tu ? » [8] (« Qu'as-tu essayé de lui faire apprendre ? ») et « Que lui as-tu enseigné ? » [9] (« Qu'as-tu réussi à lui enseigner ? »). La première question, pouvons-nous dire, comporte un emploi « intentionnel » du verbe, alors que la seconde comporte un emploi « de succès » [10]. Il est clair que si l'élève auquel j'ai enseigné n'a en fait rien appris du tout, je puis répondre à la seconde question (mais non à la première) en disant « rien du tout ». Pour ce qui est de la seconde question, je ne puis dire que j'ai enseigné quoi que ce soit à moins que mon élève n'ait appris quelque chose c'est-à-dire qu'il ne peut y avoir ici (et dans tous les emplois « de succès ») d'enseignement sans apprentissage [11].

Quelques illustrations supplémentaires peuvent s'avérer utiles, spécialement dans la mesure où la distinction entre emplois « de succès » et emplois « intentionnels » est importante et reviendra dans les discussions ultérieures. Il est clair que si j'ai enseigné à mon neveu comment intercepter la balle

8. *What have you been teaching him ?*
9. *What have you taught him ?*
10. Je suis redevable à G. Ryle en ce qui concerne le traitement des termes de succès : *La notion d'esprit*, Paris, Payot, 1978. Voir aussi G.E.M. Anscombe, *Intention*, Oxford, Blackwell, 1957.
11. Il est délicat de rendre exactement en français la différence entre *to have taught* et *to have been teaching*. Une des manières de rendre cette différence est d'utiliser le passé composé dans un cas et l'imparfait dans l'autre. Mais certains emplois d'« avoir enseigné » ne sont pas de succès et l'on peut dire sans contradiction « je lui ai enseigné l'anglais mais elle n'a pas appris un mot d'anglais ». L'emploi du passé simple *taught* que Scheffler relève plus loin présente la même caractéristique (certains maîtres enseignèrent l'an passé les mathématiques à certains élèves qui n'ont rien appris en mathématiques). Au bilan, la traduction de « *What have you taught him ?* » par « Que lui avez-vous enseigné ? » ne paraît pas inappropriée dans la mesure où le passé composé français invite spontanément à une interprétation de succès (même si un emploi intentionnel éventuel n'est pas exclu). (NDT)

au base-ball, il se peut néanmoins qu'il ne l'ait pas appris et qu'en fait il ne l'apprenne jamais. J'ai, bien entendu, tenté de l'amener à apprendre comment le faire, mais je n'y suis pas nécessairement parvenu. Sur un plan général, on peut donc dire que le schéma « X enseignait à Y comment… » n'implique pas le succès. Supposez, cependant, que j'aie enseigné à mon neveu comment intercepter la balle au base-ball. Si je le lui ai bel et bien enseigné, alors il doit en fait avoir appris comment. Si j'en étais à dire « aujourd'hui je lui ai enseigné comment attraper une balle mais il n'a pas appris et n'y parviendra jamais », on penserait de moi que je dis quelque chose de bizarre. Nous pouvons donc dire que le schéma « X a enseigné (*have taught*) à Y comment… » implique le succès. Ce schéma correspond à un emploi « de succès » du verbe « enseigner » alors que ce n'était pas le cas du schéma précédent, lequel correspondait plutôt à un emploi « intentionnel » du verbe.

Il faut cependant relever en passant que tous les usages du verbe au passé simple n'impliquent pas le succès bien que le schéma de succès évoqué plus haut fasse intervenir une telle forme. Il est vrai, par exemple, que certains maîtres enseignèrent les mathématiques l'an passé à certains élèves, lesquels n'ont rien appris des mathématiques. Il faut de surcroît noter que les emplois « de succès » du verbe « enseigner » n'éliminent pas la possibilité de différences de compétence. Pour pouvoir être dit avoir enseigné avec succès, il n'est pas nécessaire que les étudiants soient devenus des experts dans le domaine, il suffit simplement qu'ils aient appris d'une façon appropriée. Nous pouvons, dans la circulation, demander de manière rhétorique « qui lui a appris à conduire ? » suggérant par là que, bien qu'il ait appris, l'automobiliste concerné n'est pas un très bon conducteur. Une réussite minimale est suffisante pour nous permettre de dire qu'un apprentissage s'est fait, et c'est là ce qui est normalement impliqué par l'usage « de succès » du verbe « enseigner ».

Au bout du compte, il convient de noter que le verbe « enseigner » n'est pas exceptionnel en ayant à la fois un emploi « intentionnel » et un emploi « de succès ». En vérité, beaucoup de verbes se rapportant à l'action possèdent l'un et l'autre, dans la mesure où ce qui est fait est souvent décrit comme une tentative pour atteindre un but, la réalisation dudit but consistant à réussir la tentative en question. Dire de quelqu'un qu'il bâtit une maison n'est pas dire qu'il y a réussi ou réussira un jour. Bien évidemment, il tente de faire quelque chose avec certains espoirs et certaines croyances ; il tente de faire que la situation où une maison est construite grâce à lui se réalise et de rendre vrai l'énoncé correspondant. De plus, il se peut que les efforts accomplis dans le cadre de cette tentative soient raisonnablement perçus comme efficaces et c'est d'ailleurs normalement le cas. Mais de ce que quelqu'un bâtit une maison, on ne peut inférer qu'il y a (ou qu'il y aura) une maison bâtie par lui. Il se peut qu'il se soit employé à bâtir (emploi « intentionnel ») jusqu'à ce que la crue arrive et emporte au loin le fruit de son travail, de sorte que ce dernier ne sera jamais achevé. Ainsi est-il possible qu'il ne bâtisse jamais (emploi « de succès ») la maison qu'il bâtissait (emploi « intentionnel »). Ou, mieux, il se peut que n'existe jamais une maison bâtie par lui (emploi « de succès »), bien qu'il se soit employé à bâtir (emploi « intentionnel ») une maison.

S'agissant maintenant du verbe « enseigner », nous reconnaissons qu'existent à la fois des emplois « intentionnels » et des emplois « de succès » ; nous voyons que, pour ce qui est de ces derniers, il ne peut en vérité y avoir d'enseignement sans apprentissage. Si quelqu'un ne prend que des exemples tombant sous ces emplois, la doctrine selon laquelle il ne peut y avoir d'enseignement sans apprentissage apparaîtra tout à fait plausible. Néanmoins, la façon dont, en général, ce point est exprimé, laisse la doctrine exposée à la falsification : il suffit pour cela d'un seul contre-exemple à l'image de celui qui a été discuté plus haut. Aussi en revenons-nous, après une longue digression, à la conclusion à laquelle nous en étions arrivés plus haut : considérées comme des doctrines littérales, les affirmations « Il ne peut y avoir d'enseignement sans apprentissage » et « Il peut y avoir enseignement sans apprentissage » sont contradictoires, et donc inconciliables, et c'est la première des deux affirmations qu'il convient de rejeter.

Si toutefois nous examinons les buts pratiques de ces deux affirmations, il devient clair que, bien qu'elles ne soient pas dans chaque contexte également pertinentes et justifiées quant à leur signification pratique, elles ne s'opposent pas non plus comme des alternatives exclusives. Bien plutôt, elles doivent être mises en rapport avec des finalités pratiques qui sont parfaitement compatibles. Le but pratique de l'affirmation « Il ne peut y avoir d'enseignement sans apprentissage » est étroitement relié à celui du slogan « Nous enseignons à des enfants, nous n'enseignons pas des matières » qui est d'attirer l'attention du maître sur l'enfant. Mais l'un des énoncés se distingue de l'autre en ce qu'il met l'accent sur l'apprentissage de l'enfant en tant que *résultat* visé par l'enseignement, le problème étant alors d'améliorer l'efficacité de l'enseignement en comparant ses résultats effectifs avec ceux escomptés. Le fait de mettre l'accent là-dessus n'apparaît pas aujourd'hui très original ni susceptible non plus de provoquer des controverses. Il faut plutôt y voir un point qu'on considère comme allant de soi dans des contextes tout à fait prosaïques. Imaginez quelqu'un disant à un fabricant de savon : « Regardez ! Vous feriez un bien meilleur travail si vous étudiiez systématiquement votre produit et essayiez de l'améliorer. Vous ne pouvez vous proclamer vous-même fabricant de savon à moins que vous ne fabriquiez un bon savon, et vous ne pouvez faire cela que si vous regardez de près ce que vous produisez et vous assurez que c'est au niveau de la concurrence. » Un petit discours de cette sorte paraîtrait quelque peu déplacé dans notre monde tourné vers la consommation. Les fabricants de savons prêtent de toute manière attention à leurs produits (peut-être pas toujours pour faire un savon meilleur, mais, à tout le moins, pour rendre le savon plus attractif aux yeux des acheteurs). Aucun fabricant de savon ne suppose qu'en dehors du concours qu'ils apportent à la réalisation du produit fini, ses procédés de fabrication ont une valeur intrinsèque.

Mais les maîtres ont souvent supposé quelque chose qui ressemble dangereusement à cela. Ils croient souvent qu'en dehors de toute considération de ses effets sur les étudiants, leur enseignement, mené de la façon dont ils procèdent le plus communément, a une valeur intrinsèque, et est à ce titre auto-justificatif. Au lieu de réaliser des améliorations qui seraient à leur portée par des efforts réfléchis, ils tendent du coup à nier que quelque amélioration soit souhaitable ou possible, tant qu'ils continuent de procéder comme ils l'ont toujours fait. Lorsqu'une telle inertie éducative est répandue, comme cela semble avoir été le cas lorsque notre slogan commença à se diffuser, le but pratique du slogan peut apparaître urgent et même révolutionnaire. Mettre, qui plus est, l'enseignement en parallèle avec la vente et l'apprentissage avec l'achat, suggérer que l'enseignement peut être comparé avec les méthodes de marketing, lesquelles sont susceptibles d'être améliorées en fonction de leurs effets sur le consommateur, c'est là marquer de manière frappante son intention de défendre la réforme de l'enseignement.

En partie parce que de telles réformes se sont largement répandues, le but pratique de notre slogan apparaît désormais dépourvu de pertinence ou moins assuré à beaucoup d'observateurs actuels. En fait, il a semblé à de tels observateurs qu'on était allé trop loin dans la direction qui consiste à prendre en compte le monde de l'enfant et ses préoccupations et aussi les effets de l'enseignement sur ce monde. On a décrit les écoles comme étant, à certains égards, trop préoccupées par leurs consommateurs. Les enseignants, estimant que l'adaptation des élèves et leurs conflits de personnalités reposaient sur leurs épaules fatiguées ont, dans bien des cas, tenté d'en faire trop – devenant des parents, des conseillers et des copains en même temps que des maîtres. Ils se sont sentis harcelés et culpabilisés (ce qui est compréhensible, compte tenu de telles aspirations et de l'insistance sur les conséquences) de ne point pouvoir faire tout ce que leur charge exigeait, acceptant toutefois de prendre sur eux tous les échecs de l'apprentissage [12].

Si quelqu'un devait soutenir le moral de tels maîtres, il pourrait difficilement se contenter de répéter l'ancien message sous un nouvel habillage. Il dirait plutôt : « Cessez de vous sentir coupables, n'essayez plus d'être omnipotents, cessez de prêter tant d'attention aux problèmes intérieurs et aux motivations de vos élèves. Faites de votre mieux pour enseigner votre matière et évaluer vos élèves et lorsque vous aurez fait cela, relaxez-vous et ayez la conscience tranquille. » Ceci correspond simplement au but pratique de l'affirmation « Il *peut* y avoir de l'enseignement sans apprentissage ». Mettre l'accent sur ce point paraît à

12. Voyez A. Freud, « The role of the teachers », *Harvard Educational Review*, 22 : 229, automne 1952 et D. Riesman, « Teachers amid changing expectations », *Harvard Educational Review*, 24 : 106, printemps 1954.

la fois pertinent et justifié dans la situation actuelle aux yeux de beaucoup d'auteurs.

Les deux orientations, cependant – celle de la présente affirmation et celle de l'affirmation opposée – sont, prises abstraitement, compatibles, en dépit du fait qu'elles peuvent être inégalement pertinentes ou justifiées dans des contextes éducatifs spécifiques. Aussi est-il possible de soutenir que l'enseignement doit être apprécié et modifié à la lumière de ses effets sur les élèves (et même de recommander cette démarche) et, en même temps, de croire qu'il y a des limites à ce qu'un enseignant peut faire, avec la meilleure volonté du monde et d'insister là-dessus : quoi qu'il fasse, il peut lui arriver d'échouer dans sa tentative de faire apprendre aux élèves ce qu'il désire.

Dans certaines situations, cependant, il peut être considéré comme plus important de maintenir le moral des enseignants en mettant l'accent sur les limites de leur responsabilité, plutôt que d'essayer d'améliorer l'enseignement en insistant sur la nécessité d'examiner ses effets. Que nous disions « essaie de t'améliorer ! » ou « ne te bile pas, tu as fait au mieux ! », c'est là quelque chose qui est, en ce sens, fonction du contexte. Mais ces orientations ne sont pas, en général, inconciliables, pas plus qu'elles ne méritent l'une ou l'autre un rejet catégorique. Elles peuvent, en fait, apparaître l'une et l'autre et alterner en cas d'urgence. Pour résumer, quand les slogans sont pris littéralement, ils sont redevables de critiques elles-mêmes littérales. Nous devons toutefois, de façon indépendante, évaluer leurs buts pratiques en référence à des contextes changeants, au même titre que les doctrines auxquelles ils sont apparentés et dont ils procèdent. Nous devons de plus éviter de supposer que, quand les slogans sont en contradiction littérale les uns avec les autres, ils représentent des buts pratiques qui sont en conflit de manière inconciliable.

Chapitre 3
Les métaphores en éducation

Si nous comparons les métaphores avec les définitions et les slogans, un certain nombre d'oppositions sont immédiatement apparentes. Les métaphores ne sont pas normalement conçues pour exprimer la signification des termes employés, qu'il s'agisse de la signification standard ou d'une stipulation. Bien plutôt, elles attirent l'attention sur ce qui paraît être un parallèle significatif, sur des analogies, des similarités concernant l'objet du discours lui-même. Les énoncés métaphoriques expriment souvent des vérités significatives et étonnantes, au contraire des stipulations qui n'expriment aucune vérité, quelle qu'elle soit, et des définitions descriptives, qui normalement ne parviennent pas à surprendre. Pourtant, à l'image des définitions programmatiques, lesquelles véhiculent un programme, les métaphores font de même en suggérant une analogie objective, leur but étant d'établir des vérités concernant les phénomènes qui nous entourent. Les métaphores partagent avec les slogans un aspect non-systématique et il n'est pas non plus de manière standard de les exprimer ; néanmoins, elles peuvent prétendre à un rôle théorique autrement plus sérieux. Elles ne peuvent pas, en règle générale, être considérées comme de simples fragments cristallisant les attitudes essentielles de tel ou tel mouvement social, ou symbolisant expressément une doctrine à laquelle ils seraient apparentés. Elles figurent plutôt dans les énoncés théoriques eux-mêmes, dont elles s'avèrent être des composantes fondamentales.

La ligne de démarcation, même au sein de la science, entre théorie sérieuse et métaphore, est très étroite, à supposer même qu'elle puisse être établie. Dire « cette table est composée d'électrons » revient clairement, à tout le moins, à inviter l'auditoire à une comparaison de la table avec un agrégat de minuscules particules dont le comportement fait l'objet de développements dans d'autres énoncés. À l'évidence, la métaphore initiale doit être affinée, conduisant ainsi à des comparaisons exprimées littéralement, et à la confirmation expérimentale de prédictions ou d'inférences tirées de ces dernières. Mais il en va de même des théories en général, et il n'existe pas de limite à partir de laquelle on puisse dire « ici la métaphore s'arrête et la théorie commence ». En éducation également, les énoncés métaphoriques se rencontrent fréquemment dans des contextes théoriques cruciaux, au même titre que dans des contextes politiques. Que véhiculent-elles et comment le font-elles ? Nous allons commencer par un certain nombre de remarques générales et ensuite nous sélectionnerons un ensemble de métaphores éducatives afin de les examiner.

En règle générale, on peut considérer que les énoncés métaphoriques indiquent une analogie importante entre deux choses sans dire explicitement en quoi consiste l'analogie. Maintenant, il est clair que si vous prenez deux choses, il s'avérera toujours qu'elles se ressemblent d'une façon ou d'une autre, mais toutes les ressemblances ne sont pas importantes. Encore la notion d'importance varie-t-elle selon la situation : ce qui est important en science peut très bien ne pas l'être en politique ou en art. Si on juge qu'un énoncé métaphorique en vaut la peine ou qu'il est juste, l'analogie suggérée doit être importante compte tenu d'un critère pertinent dans le contexte où elle a été proférée.

Qui plus est, l'énoncé métaphorique n'énonce par réellement l'analogie, même dans le cas où elle est à la fois pertinente et importante. Il consiste plutôt en une invitation à en chercher une, et on le juge, en partie au moins, selon la façon dont cette recherche est récompensée. Il convient à nouveau de souligner comment les choses se présentent dans une théorie ou, si vous voulez, lorsque nous vient une intuition théorique. Il n'est pas étonnant qu'en pareil cas les métaphores se soient vues reconnaître le pouvoir d'organiser la réflexion et l'explication dans des contextes scientifiques ou philosophiques. Dans le domaine pratique également, les métaphores servent souvent, à l'image des définitions programmatiques, à canaliser l'action, mais toujours en visant à indiquer qu'une analogie importante peut être découverte au sein de l'objet sur lequel elle porte.

En dehors de l'évaluation des programmes qui peuvent être véhiculés par les énoncés métaphoriques en eux mêmes, les métaphores peuvent être critiquées, en gros, de deux manières. Premièrement, nous pouvons parvenir à la conclusion qu'une métaphore déterminée est triviale ou stérile, dans la mesure où elle indique des analogies qui sont, dans le contexte concerné, sans importance. Deuxièmement, nous pouvons déterminer les limites d'une métaphore, le point au-delà duquel l'analogie se dissipe. Toute métaphore est ainsi limitée et ne donne sur son objet qu'une perspective, laquelle peut être complétée par d'autres perspectives. De telles limitations ne sont pas davantage des raisons de rejeter une métaphore complètement que l'existence de théories concurrentes n'est en elle-même une raison de rejeter toute théorie scientifique donnée. Néanmoins, une comparaison de métaphores concurrentes peut être aussi éclairante que la comparaison de théories concurrentes, en ce qu'elle suggère les multiples facettes de l'objet évoqué. Une telle comparaison peut aussi éveiller une sensibilité neuve à ce que l'objet a d'unique, car savoir de quelle façon une chose ressemble à beaucoup d'autres revient à en savoir beaucoup sur ce qui la rend distincte de chacune. Enfin, là où une métaphore particulière est dominante, la comparaison aide à déterminer ses limites et à ouvrir de nouvelles possibilités de pensée et d'action. Dans la suite de ce chapitre, nous allons faire porter ce travail de comparaison sur un certain nombre de manières métaphoriques courantes de parler de l'éducation.

Max Black suggère que la métaphore familière de la croissance fait partie de celles qui se prêtent à l'expression de la révolte contre l'autoritarisme éducatif[1]. Comment cela se fait-il ? Il y a une analogie évidente entre l'enfant qui grandit et la plante qui grandit, entre le jardinier et le maître. Dans les deux cas, l'organisme qui croît passe par des phases qui sont relati-

1. M. Black, « Education as art and discipline », *Ethics*, 54 : 290, 1944, repris dans I. Scheffler, *Philosophy and Education*, *op. cit.*

vement indépendantes des efforts du jardinier ou du maître. Dans les deux cas, cependant, la croissance peut être aidée ou entravée par ces efforts. Dans les deux cas, le travail consistant à prendre soin d'un tel développement semble dépendre de la connaissance de lois régulant la succession des phases. En aucun cas le jardinier ou le maître ne sont indispensables à la croissance de l'organisme et, après leur départ, l'organisme continue à mûrir. Ils sont soucieux de l'aider à s'épanouir, de veiller à son bien-être en lui fournissant des conditions optimales pour que les lois de la nature opèrent. Ainsi la métaphore de la croissance en elle-même n'implique-t-elle qu'une conception modeste du rôle du maître, qui est d'étudier et ensuite indirectement d'aider à la croissance de l'enfant, plutôt que de le modeler pour qu'il corresponde à une forme préétablie, une métaphore opposée que nous allons considérer à présent.

Où la métaphore du développement s'arrête-t-elle ? Elle paraît plausible si on considère certains aspects du développement des enfants, c'est-à-dire les aspects touchant leur biologie ou leur constitution. Lorsque nous considérons ces derniers, nous pouvons très bien dire, en gros, à quelle séquence d'étapes on peut normalement s'attendre et comment le passage d'un stade à l'autre peut être aidé ou entravé par un effort délibéré de la part des autres. Lorsqu'une telle connaissance fait défaut en ce qui concerne les détails, elle peut, selon toute vraisemblance, être obtenue par une investigation supplémentaire. La nature et l'ordre de ces stades du développement tant sur le plan physique que sur le plan du caractère et des capacités comportementales qu'elles rendent possibles sont, en fait, relativement indépendantes de l'action des individus, bien que, même sur ce plan, les facteurs culturels puissent avoir un impact.

Si quelqu'un demande, cependant, comment ces capacités doivent être exercées, vers quoi l'énergie de l'enfant doit être dirigée, quelles sortes de conduites et quels types de sensibilités doivent être stimulés, nous commençons à entrevoir les limites de la métaphore de la croissance. La série des stades de développement sur le plan physique et sur le plan du caractère est en vérité compatible avec un nombre indéfini de réponses opposées à ces questions. Pour ces aspects du développement, il n'y a pas de séquences de stades indépendantes indiquant un même état de maturité. C'est pourquoi, en considération de ces aspects, il n'y a pas littéralement de sens à dire « Développons toutes les potentialités de tous les enfants ». Elles entrent en conflit et ne peuvent à ce titre être toutes développées. En développer certaines revient à en contrecarrer d'autres. Se tenir en retrait, ce n'est pas permettre à la sagesse de la nature de réaliser pleinement ses possibilités, c'est se décider dans un sens plutôt que dans un autre, là où les deux sont compatibles avec la nature ; la responsabilité dans une décision comme celle-là ne peut être évacuée.

On a souvent noté que penser l'histoire comme si elle était une plante, dont le développement à travers des stades naturels peut seulement être facilité ou retardé par les individus, est une façon d'évacuer la responsabilité qui revient aux gens d'affecter par leurs choix et leurs actions les événements sociaux [2]. Il devrait être encore plus évident que le cours du développement social, culturel et moral des enfants n'est pas divisé en stades naturels qui ne peuvent être fondamentalement altérés par les autres. Il est clair que les adultes – parents et maîtres – font plus que simplement faciliter le développement de l'enfant en vue d'un état unique de maturité culturelle.

C'est cette dernière intuition qui sous-tend une métaphore éducative familière, celle qui tourne autour de termes comme façonner, former, modeler. L'enfant, dans une des variantes de cette métaphore, est une argile et le maître impose à cette argile un moule déterminé et la façonne pour qu'elle corresponde aux spécifications du moule. L'initiative, le pouvoir et la responsabilité du maître sont ici fortement soulignés. Car la forme finale prise par l'argile est entièrement produite par son choix d'un moule donné. Il n'y a pas là de progression indépendante vers une forme déterminée, comme cela se produit dans le cas de la croissance des glands, par exemple. Il n'y a pas davantage de moule auquel l'argile ne se pliera pas. L'argile ne sélectionne ni ne rejette quelque suite de stades que ce soit. Celui qui choisit le moule est entièrement responsable du résultat.

2. Voir, sur ce point K. Popper, *op. cit.* et K. Popper, *Misère de l'historicisme*, Plon, 1991.

À la lumière de nos remarques précédentes sur la métaphore de la croissance, cette métaphore du moulage apparaît clairement inadaptée au développement de l'enfant, qu'il s'agisse du développement physique ou du développement du caractère, puisqu'il n'est pas modifiable par l'action des adultes. La métaphore du moulage apparaît plus appropriée que celle de la croissance en ce qui concerne le développement culturel, personnel et moral, lequel dépend, dans une mesure beaucoup plus grande, du caractère de l'environnement social adulte.

Mais même ici, la métaphore du moulage connaît certaines limites. Dans le cas de l'argile, la forme finale est entièrement fonction du moule choisi. L'argile ne choisit ni ne rejette quelque moule que ce soit. L'argile, de surcroît, est de part en part homogène et entièrement plastique. La forme du moule est fixée avant que le modelage ne commence et reste identique d'un bout à l'autre. Chacun de ces points introduit une dissemblance par rapport à l'enseignement. Car, même s'il n'y a pas de lois du développement culturel, moral et personnel, il existe néanmoins des limites imposées par la nature des élèves à l'étendue des développements possibles. Ces limites disent ce qui *ne peut* être fait avec le matériau plutôt que ce qui *va* se développer. La nature humaine ne sélectionne pas automatiquement, mais elle rejette certaines formes que les adultes peuvent choisir pour elle. Qui plus est, ces limites varient d'un élève à un autre et d'un groupe à un autre groupe. Une population d'élèves n'est ni homogène ni plastique de part en part. Aussi, si les décisions de l'éducateur ne sont pas faites pour lui par nature, elles ne sont pas davantage illimitées par nature, et une étude portant sur ces limites pourrait bien rendre ses décisions plus sages. Au bout du compte, si le maître doit en effet prêter attention à la nature de ses élèves, il modifiera ses méthodes et ses buts au cours même de son enseignement et en réponse à la façon dont les choses évoluent. Aussi son enseignement n'est-il pas alors comparable à un moule fixe mais à un plan modifiable en fonction de la manière dont se déroule son exécution.

Ce sont ces derniers traits de l'enseignement qui sont soulignés par ce que l'on peut appeler la métaphore artistique, et ce dans chacune des formes qu'elle peut prendre, par exemple lorsqu'elle fait référence à la sculpture. La statue réalisée par le sculpteur ne sort pas du roc par elle-même en réclamant seulement que l'artiste la nourrisse ; l'artiste exerce un véritable choix lorsqu'il la produit, mais cependant le bloc de marbre initial n'est pas susceptible de se plier entièrement à toutes les idées qu'il souhaite lui imposer. Un bloc de marbre n'est pas davantage semblable à n'importe quel autre. Chaque bloc demande une étude individuelle de ses capacités et de ses limitations. Au bout du compte, l'idée initiale de l'artiste n'est pas entièrement formée par avance et elle ne reste pas absolument identique chemin faisant. Elle inaugure le processus, mais, ordinairement, elle est modifiée par le processus lui-même, et au cours de ce dernier l'artiste apprend autant qu'il crée.

Cette métaphore semble particulièrement appropriée si on la rapporte aux caractéristiques qui viennent d'être décrites, mais on ne peut pas dire qu'elle soit parfaite ni même meilleure sur tous les plans que celles que nous avons précédemment examinées. La métaphore de la croissance, par exemple, admet que son objet se développe même après le départ du jardinier, alors que la métaphore de la sculpture ne le fait pas : la statue cesse de se développer quand le sculpteur en a fini avec elle. Le maître n'est pas non plus, à la différence du sculpteur, soumis uniquement à des standards esthétiques. Ses buts et ses méthodes sont l'objet d'une critique à la fois morale et pratique.

Aussi, est-on mal inspiré lorsqu'on tente de trouver un ordre progressif des métaphores en éducation, chaque métaphore étant plus adéquate et plus englobante que la précédente. C'est là que s'arrête la comparaison elle-même entre de telles métaphores et les théories scientifiques. Les métaphores éducatives, dans leur usage général, sont utiles pour réfléchir et organiser la pensée sociale et la pratique en rapport avec l'éducation scolaire, mais elles ne sont pas reliées à des démarches expérimentales de confirmation et de prédiction. Aussi ne se développent-elles pas de façon cumulative comme le font les cadres théoriques de la science. On doit peut-être plutôt les imaginer disposées en cercle autour de ce qui constitue leur sujet commun, sujet dont l'agencement complexe de caractéristiques peut être éclairé par un examen comparatif des métaphores.

L'analogie suggérée par une métaphore donnée, comme nous l'avons suggéré plus tôt, peut s'avérer importante dans un contexte mais pas dans un autre. Ainsi une bonne métaphore n'est en général pas bonne dans tous les contextes. Ce fait est important pour la présente discussion, dans la mesure où l'éducation, comme nous l'avons souligné, est à l'intersection d'une grande variété de contextes. Aussi est-il sage de se montrer critique lorsqu'on accepte, dans un contexte donné, des métaphores qui se sont montrées éclairantes ailleurs, quand bien même le sujet abordé est identique. La transplantation de métaphores peut, en fait, s'avérer trompeuse dans la mesure où elle peut effacer des distinctions essentielles dans le nouveau contexte, distinctions qui pouvaient être sans importance dans l'ancien.

L'effet de telles transplantations peut être illustré par une référence à une manière aussi métaphorique que largement répandue de parler de l'éducation, clairement reliée à la métaphore de la croissance tout en étant plus inclusive qu'elle ; nous l'appellerons « la métaphore organique ». Il y a d'innombrables variantes et utilisations de cette métaphore dans les écrits portant sur l'éducation ; nous en donnerons une brève description pour les buts de la discussion [3]. La culture, au sens anthropologique où elle comprend les mœurs, les coutumes, la technologie, l'organisation sociale, le langage, le droit, l'idéologie, l'art d'une société donnée, est considérée comme l'analogue de la vie d'un organisme individuel. Tout comme les êtres vivants diffèrent des choses inanimées en ce qu'ils se maintiennent par renouvellement, en réagissant à des forces extérieures de manière à conserver leur équilibre avec l'environnement, utilisant ces forces comme des moyens pour poursuivre leur développement, de même les cultures gardent, elles, leur continuité en réagissant à des forces extérieures de façon à maintenir leur

3. Cette description est suggérée par J. Dewey dans *Democracy and Education*, New York, Macmillan, 1916, chapitre 1. En résumant le chapitre, Dewey écrit, par exemple (p. 11) : « C'est la nature même de la vie de lutter pour continuer à vivre. Dans la mesure où cette continuation ne peut être assurée que par un renouvellement constant, la vie est un processus qui s'auto-renouvelle. Ce que la nutrition et la reproduction sont à la vie physiologique, l'éducation l'est à la vie sociale. » Mon propos, cependant, n'est pas de critiquer l'usage que fait Dewey de la métaphore organique dans le chapitre cité, mais de mettre en évidence les dangers de celle-ci.

équilibre et à se développer de façon adaptée et créative. Bien que la vie individuelle se termine par la mort de l'individu, il n'en va pas de même pour la vie culturelle. Tout comme les cellules et les tissus meurent et sont remplacés pendant que la vie se poursuit, les « cellules » de la culture, autrement dit les individus qui en sont membres, meurent et sont remplacés sans que soit détruite la vie de la culture. Les cellules, dans les deux cas, ne meurent pas toutes simultanément mais plutôt continûment et elles sont continûment remplacées. Les processus par lesquels les nouveaux membres d'une culture remplacent les anciens garantissent la continuité culturelle. Ces derniers processus constituent l'éducation, dont la fonction est de transmettre la vie culturelle du groupe à chaque nouveau membre, en la renouvelant ce faisant de manière continue.

La métaphore organique maintenant, reposant sur les analogies ci-dessus, assimile l'éducation au processus par lequel les individus reprennent la culture environnante. Il y a de bonnes raisons de procéder ainsi, dans une variété de contextes. Si nous considérons, en particulier, des études anthropologiques ou historiques dans lesquelles des cultures spécifiques sont parfois prises comme unités d'investigation, avec comme but de déterminer leur structure interne ou les lois gouvernant leur changements structuraux, il peut être souhaitable de grouper les processus d'acculturation sous une rubrique unique et d'étudier leur place au sein des « formes de culture » aussi bien que leurs mécanismes. Dans les recherches psychologiques également, lorsqu'on tente de découvrir des lois transculturelles de l'apprentissage, il peut être approprié de classer tous les processus sociaux d'apprentissage sous un label unique, en guise de préalable à cette tentative. La métaphore organique dans ces contextes peut être d'un bon secours en ce qu'elle conduit à comparer les processus d'acculturation aux processus de régénération dans les organismes biologiques. À l'image de ces derniers, les processus d'acculturation peuvent être étudiés dans leurs relations à d'autres phénomènes et en tant qu'ils impliquent une variété de mécanismes dont les lois demandent à être déterminées.

Néanmoins, là où la métaphore organique est appliquée à des contextes pratiques dans lesquels la politique sociale est en jeu, elle peut devenir positivement trompeuse, dans la mesure où elle ne laisse aucune place pour des distinctions qui sont de la plus haute importance dans les questions pratiques. Il n'y a, par exemple, pas de distinctions morales parmi les processus de régénération des organismes individuels, alors que ces distinctions, lorsqu'on traite de processus de régénération culturelle, sont souvent au cœur même de la controverse sociale. De telles distinctions s'expriment, par exemple, dans la séparation entre enseignement et contrainte, propagande, menace et endoctrinement. De plus, les processus biologiques régénératifs ne se présentent en général pas comme des objets de choix ou de contrôle, alors que les processus sociaux, dans une mesure significative, le sont et c'est, qui plus est, précisément là où des choix alternatifs sont considérés comme possibles que les enjeux de politique sociale se dessinent.

Comparer la continuité des cultures à celle des vies individuelles revient à simplifier à l'extrême. En ce qui concerne la continuité des individus, il existe des critères biologiques clairement définis et l'éventail de variations compatibles avec la continuité est clairement donné, par exemple à travers la description du cycle vital. Pour les cultures, il n'existe pas de critères semblablement définis, pas de lois connues de développement ou de formes normales du cycle vital. Nous ne pouvons pas dire par avance dans quelle mesure une culture peut s'éloigner de son caractère initial sans perdre son identité. En l'absence de toute spécification d'un standard de continuité culturelle, l'éducation également n'est pas clairement analysée lorsqu'elle est expliquée en termes de contribution à une telle continuité. La continuité d'une culture peut être assurée par des voies différentes et opposées, en accord avec des standards de continuité eux-mêmes différents et qui peuvent faire l'objet de choix. Ce sont précisément ces différences entre standards qui ont une portée morale et donc pratique, bien que, tous autant qu'ils sont, ces standards soient compatibles avec le fait de parler de continuité culturelle de façon abstraite.

Qui plus est, quand la notion de « fonction » est transférée du domaine biologique au domaine social, une indétermination analogue en résulte [4], de sorte que même assortie de spécifica-

4. Pour une analyse détaillée, à laquelle mon traitement de cette question est redevable, voyez C. G. Hempel, « The logic of functional

tions touchant la façon dont la continuité culturelle doit être comprise, dire que la fonction de l'éducation est de préserver la continuité culturelle est toujours inadéquat. Lorsque nous parlons de la fonction de tel ou tel mécanisme biologique, nous parlons en gros de sa contribution au fonctionnement normal, satisfaisant de l'organisme. Par exemple, dire que la fonction du battement de cœur est de faire circuler le sang dans l'organisme, revient à dire qu'une telle circulation, qu'entraîne le battement du cœur dans des circonstances normales, est indispensable au fonctionnement normal de l'organisme en question. Semblablement, parler de la fonction des processus régénératifs tels que le remplacement des vieilles cellules par des cellules neuves, revient à dire que le renouvellement qui résulte de l'intervention habituelle de tels processus est indispensable au fonctionnement normal de l'organisme biologique. Dans des cas comme ceux-là, parler de « fonctionnement normal » est parfaitement clair.

Si, cependant, nous en sommes à supposer que la continuité culturelle, dont on pense qu'elle est entraînée par l'éducation, est, de la même façon, indispensable au fonctionnement normal et satisfaisant de la culture, nous avons besoin, pareillement, d'une notion claire dudit fonctionnement. Hélas, cette notion claire nous fait défaut. Aussi, dans la mesure où nous ignorons pour le moment toutes les questions concernant l'interprétation du terme « continuité », nous ne pouvons toujours pas affirmer que les assertions concernant la fonction de l'éducation sont claires, au sens où les énoncés portant sur des « fonctions » en biologie peuvent l'être. Nous avons besoin d'une spécification indépendante du standard de fonctionnement normal que nous supposons. Imaginons cependant qu'une telle spécification soit produite dans un discours particulier, qui spécifie également un emploi spécial du terme « continuité ». Dans un tel cas, l'énoncé selon lequel la fonction de l'éducation est de préserver la continuité culturelle deviendrait l'égal, sur le plan de la clarté, des énoncés biologiques portant sur des fonctions. Néanmoins, les distinctions morales qui sont l'aspect

analysis », *in* L. Gross, *Symposium on Sociological Theory*, Evanston, Roy Peterson and C°, 1959. L'exemple central dans le texte est dû à Hempel.

le plus important des problèmes qui se posent dans le contexte éducatif comme dans celui de la politique sociale, sont ici omises. Pire encore, la connotation morale positive du terme « fonction » (qui tient peut-être à sa relation avec l'idée d'un fonctionnement biologique satisfaisant) suggère que la notion de fonction sociale implique une valeur morale.

Il est cependant évident à la réflexion qu'aucune conclusion morale ne peut être tirée des attributions de fonctions sociales de la façon qui vient d'être décrite, et *a fortiori*, qu'une évaluation positive n'est pas impliquée. Supposez par exemple que, premièrement, par « continuité » nous nous référions à la perpétuation d'attitudes de docilité, tant sur le plan politique que sur le plan intellectuel, de la part de la population et, deuxièmement, que par « fonctionnement normal » nous nous référions aux règles – auxquelles il est impossible d'échapper – imposées par les maîtres en exercice d'une dictature donnée. Nous pouvons alors mettre sous le label « éducation » toutes ces entreprises de répression, de tromperie, de déformation, d'endoctrinement et de terreur grâce auxquelles la docilité politique et intellectuelle est obtenue et nous pourrions alors conclure en disant que la fonction de l'éducation dans la société en question est de préserver sa continuité. Étant données les deux spécifications mentionnées, l'assertion est claire et, qui plus est, vraie. Car, en effet, la docilité résultant des entreprises dont il vient d'être question est indispensable à la tranquillité de la dictature. Il ne s'ensuit pas que de telles entreprises *devraient* être menées ou approuvées. Il ne s'ensuit pas non plus que les dictatures devraient fonctionner normalement et de manière satisfaisante de la façon qui vient d'être spécifiée, autrement dit qu'elles ne devraient rencontrer aucune opposition. Les enjeux moraux ne sont pas seulement occultés dans les énoncés portant sur des « fonctions » sociales, mais, de surcroît, sont souvent rendus obscurs par le fait que des connotations de valeur qui ne sont en rien pertinentes socialement entourent le terme « fonction ».

Dans l'exemple qui vient d'être discuté, il est clair qu'un moraliste pourrait trouver à objecter à l'acception dans laquelle est prise l'expression « fonctionnement normal » ; il pourrait aussi proposer un usage différent du terme « continuité ». En ce sens, il pourrait souscrire à l'assertion selon laquelle la fonction de l'éducation est de préserver la continuité, mais en lui donnant une interprétation entièrement différente. Mais il pourrait tout aussi bien laisser à d'autres les assertions portant sur des « fonctions » et exprimer à la place ses conceptions morales en disant que le maître a des obligations qui, prises selon différentes interprétations courantes, sont indépendantes de la continuité sociale, à savoir des obligations de dire la vérité, de respecter l'intelligence de son élève, de gagner sa confiance en étant à la fois sincère et ouvert dans ses échanges avec lui.

Nous pouvons approcher le problème général qui est ici en cause en nous attachant à une notion d'enseignement considérablement plus réduite que celle d'acculturation. Chaque culture, peut-on dire, parvient normalement à obtenir de ses nouveaux membres qu'ils se comportent en accord avec ses normes, quelle que soit la manière dont celles-ci sont spécifiées, et beaucoup de cultures ont des institutions qui se consacrent à ce travail. Mais toutes les manières d'amener quelqu'un à se comporter en accord avec une norme ne relèvent pas de l'enseignement. Nombre de ces manières sont en effet tout à fait informelles et indirectes et fonctionnent largement par association et par contact, à l'image de la façon dont les langues sont normalement apprises. Mais une manière formelle et délibérée de procéder ne relève pas nécessairement de l'enseignement non plus. On peut en effet amener un comportement à s'accorder avec une norme par les menaces, l'hypnose, la corruption, les drogues, le mensonge, la suggestion et l'exercice de la force. L'enseignement peut, sans nul doute, se baser sur des méthodes différentes, mais certaines manières d'obtenir des gens qu'ils fassent certaines choses sont exclues de l'extension standard du terme « enseignement ». Enseigner, selon l'acception standard du terme, revient jusqu'à un certain point à se soumettre à la compréhension et au jugement autonome de l'élève, à sa demande de justifications, à son sens de ce qui constitue une explication appropriée. Apprendre à quelqu'un que tel est le cas n'est pas simplement essayer de le lui faire croire : la tromperie, par exemple, ne peut pas constituer un mode ou une méthode d'enseignement. De plus, l'enseignement exige que, lorsque nous essayons d'amener l'étudiant à croire que tel est le cas, nous essayions de le lui faire croire pour des raisons qui, pour autant que ses capacités de compréhension le lui permettent, sont aussi les *nôtres*. En ce sens, enseigner réclame de nous que nous révélions nos raisons à l'élève et, ce faisant, que nous nous soumettions à son évaluation et à sa critique.

Enseigner à quelqu'un non point que tel est le cas, mais plutôt *comment* faire quelque chose, implique normalement de lui montrer comment (par exemple par le moyen d'une description) et non point simplement de mettre en place des conditions grâce auxquelles il sera en fait vraisemblablement capable d'apprendre comment. Lancer un enfant dans une rivière n'est pas en soi lui enseigner à nager ; envoyer sa fille dans une école de danse n'est pas en soi lui enseigner à danser. Même apprendre à quelqu'un à faire quelque chose (plutôt que lui enseigner comment le faire) n'est pas simplement essayer de l'amener à le faire ; c'est aussi lui rendre accessibles, à un moment ou à un autre, les raisons et les buts que nous poursuivons en l'amenant à faire cela. Enseigner c'est donc, dans l'usage standard du mot, reconnaître la « raison » de l'élève, c'est-à-dire son exigence que des raisons lui soient données, et son jugement sur ces dernières, même si de telles demandes ne sont pas uniformément appréciées à chaque étape de la démarche éducative.

Les distinctions que nous discutons ici entre enseigner et stimuler l'acquisition de modes de comportement ou de croyances sont des distinctions qui portent sur la *manière*. Elles dépendent de la manière dont de telles acquisitions sont stimulées. La métaphore organique, comme nous avons pu le voir, insiste sur la continuité de la vie d'une culture – et du coup sur les normes comportementales et les croyances formant le *contenu* de la culture. Cela n'induit pas de distinction quant à la manière d'acquérir ce contenu, distinction du type de celle que nous avons illustré en nous référant au concept d'enseignement. Ce sont ces distinctions, cependant, qui sont centrales en ce qui concerne les problèmes moraux relatifs à la politique sociale et éducative. On ne peut s'appuyer sur l'utilité de la métaphore organique dans certains contextes pour prouver que les distinctions touchant la manière dont nous venons de parler n'ont aucune importance pratique ou morale, que, par exemple, les maîtres doivent, par-dessus tout et par n'importe quel moyen, ajuster leurs élèves à la culture dominante (définie de la façon que vous voulez) et d'assurer sa continuité (peu importe comment vous spécifiez cette dernière). C'est une question morale indépendante et tout à fait sérieuse, réclamant une attention explicite, que de savoir si les maîtres doivent ou non ne faire que cela ou s'ils doivent faire autre chose. Le fait que l'accent ne soit en rien mis sur cette question dans la métaphore organique n'indique pas que la question est sans importance, mais que la métaphore est inappropriée dans les contextes pratiques.

Nous allons terminer cette discussion en essayant de montrer à quel point la question de la manière est fondamentale et nous allons nous référer à nouveau ici au concept d'enseignement. Nous avons déjà pris la peine d'insister sur le fait que la notion d'enseignement est considérablement plus étroite que celle d'acculturation. Le fait qu'on puisse considérer que chaque culture se renouvelle elle-même en obtenant de ses nouveaux entrants qu'ils se conduisent conformément à ses normes ne signifie absolument pas qu'un tel renouvellement est à tous coups un produit de l'enseignement au sens standard que nous avons discuté. Favoriser la diffusion la plus large possible de l'enseignement en tant que mode et en tant que modèle de renouvellement culturel est un choix social significatif, et d'une portée fondamentale, impliquant l'extension la plus large possible de la critique raisonnée appliquée à la culture elle-même.

Que cette option puisse conduire, dans des sociétés particulières, à de grands changements touchant des normes, des croyances et des institutions sociales se rattachant à la culture dominante est en vérité possible, et même hautement vraisemblable. Mais une telle conséquence ne s'ensuit pas toujours. En particulier, il n'est pas vraisemblable qu'un tel changement s'ensuive là où la culture institutionnalise elle-même des démarches raisonnées, jusque dans ses sphères de base, lorsqu'elle accueille favorablement l'exercice de la critique et celui du jugement, autrement dit, lorsqu'elle s'avère être une culture démocratique au sens le plus fort du terme. Soutenir la diffusion la plus large possible de l'enseignement comme modèle de renouvellement culturel revient, en effet, à soutenir une démarche qui s'accorde particulièrement avec la démocratisation de la culture et qui constitue une menace pour les cultures dont les normes de base sont, de façon institutionnelle, mises à l'abri de la critique. Ainsi un tel soutien est-il cohérent avec une vision de la culture au sein de laquelle l'intelligence n'est pas assujettie à des limites et où le jugement critique sur la politique n'est pas le privilège institutionnalisé d'une seule et unique classe, où le changement politique n'est pas nécessairement arbitraire et violent, mais au contraire canalisé par des institutions s'appuyant sur la persuasion par des voies rationnelles et le libre consentement. Beaucoup, et même la plupart des penseurs sociaux, ont exprimé de la répugnance face à une telle vision et ont défendu l'idée que la culture ne pouvait longtemps survivre dans un régime démocratique pris en ce sens. D'autres ont préconisé l'institutionnalisation la plus complète qui soit de la critique raisonnée, tout en étant pleinement conscients du fait qu'un tel traitement menaçait les sociétés marquées par des divisions rigides en matière de pouvoir, mais en niant que toutes les sociétés allaient se trouver, par le fait même, menacées et qu'aucune société ne pouvait survivre en se basant sur la critique libre et librement échangée. En bref, l'enjeu n'est pas de savoir si la culture sera renouvelée, mais de quelle *manière* ce renouvellement doit être institutionnalisé. C'est cet enjeu pratique fondamental qui ne doit pas être obscurci dans des contextes pratiques par des métaphores qui sont appropriées ailleurs.

Chapitre 4
Enseigner

Nous avons, dans le précédent chapitre, indiqué comment la notion d'enseignement renvoie à une distinction cruciale portant sur la façon dont l'apprentissage doit se faire. Durant cette phase de notre discussion, c'était évidemment l'usage quotidien, standard du terme « enseigner » qui était en jeu et non point quelque usage stipulé. Cet usage standard réclame qu'on le discute plus avant et plus en détail, car le mot apparaît de façon centrale dans de nombreuses discussions en éducation, dans le contexte desquelles il doit visiblement être pris dans son sens ordinaire. Aussi nous tournons-nous dans le présent chapitre vers l'examen du terme « enseigner » dans le but de comprendre quelles sont les façons dont il est typiquement employé, et ce à quoi il est typiquement appliqué. Notre préoccupation, comme celle des définitions descriptives discutées au chapitre premier, est de rendre compte de la notion reçue d'enseignement. Nous ne chercherons cependant pas à fournir ici une définition explicite, mais seulement une définition informelle de certains éléments constituant sa signification reçue.

Peut-être pouvons-nous commencer par rappeler la différence notée précédemment au chapitre 2, entre usage « de succès » et usage « intentionnel » du verbe « enseigner ». Pour qu'un usage « de succès » soit légitime, le simple fait que quelqu'un fasse quelque chose ne suffit pas, il faut aussi que ce qu'il fait, ou a fait, se termine par une réussite. Avoir bâti une maison, c'est plus que d'avoir été occupé par un travail de construction ; c'est aussi avoir réussi dans cette activité. De la même façon, avoir enseigné à quelqu'un comment nager, c'est plus que de s'être employé à apprendre à quelqu'un à nager ; c'est aussi y être parvenu.

Dans le but de simplifier la procédure d'analyse, faisons maintenant abstraction des considérations de succès, et cantonnons notre enquête aux emplois « intentionnels » du verbe. Moyennant une telle restriction nous pouvons, lorsque nous parlons de l'enseignement en employant le verbe, le ranger sous le concept d'activité : il renvoie à ces choses dans lesquelles quelqu'un peut normalement être engagé, auxquelles on peut être occupé. Jones peut être occupé à expliquer à Smith comment utiliser une scie électrique, tout comme il peut l'être à peindre sa maison. En vérité, dire de Jones qu'il enseigne, c'est normalement suggérer qu'il est engagé dans un enseignement [1]. Enseigner, qui plus est, implique d'être dirigé vers un certain résultat : c'est une activité orientée vers un but.

Il convient de noter que tout ce qui est vrai de Jones et exprimable par une forme verbale ne peut être décrit en ces termes. Jones n'est pas normalement décrit comme quelqu'un qui est engagé dans la respiration, le repos ou la flânerie, même s'il respire, se repose et flâne bel et bien. Bien qu'il possède des propriétés, on ne peut dire de lui qu'il est engagé dans la possession

1. La question de savoir ce qui est normalement suggéré ou signifié par une affirmation a un objet plus étroit que celle de savoir ce qui est impliqué par celle-ci. Nowell-Smith a discuté le premier point sous le label « implication contextuelle » (voyez P.H. Nowell-Smith, *Ethics*, Londres, Penguin Books, 1954 p. 80). Il écrit : « Je dis qu'un énoncé *p* implique contextuellement un énoncé *q* si toute personne connaissant les conventions normales du langage est en droit d'inférer *q* à partir de *p dans le contexte où ils ont leur occurrence.* » Il insiste également sur le fait que les implications contextuelles peuvent être expressément écartées, mais que tant qu'elles ne le sont pas, nous sommes en droit de supposer que l'implication est maintenue dans le contexte considéré. La notion qu'on se fait de ce qui est normalement véhiculé, quoique non impliqué par un énoncé donné, n'a pas nécessairement à être conçue de la façon dont Nowell-Smith l'a fait ; dans le présent texte, la notion est utilisée d'une manière qui demeure neutre par rapport aux différentes explications qui en peuvent être données. Pour d'autres analyses récentes de l'enseignement, voyez B.O. Smith, « On the anatomy of teaching », *Journal of Teacher Education*, 7 : 339 décembre 1956, et « A concept of teaching », *Teachers College Record*, 61 : 229, février 1960.

de propriétés ; bien qu'il ait atteint l'âge de cinquante-sept ans, il n'est pas ordinairement décrit comme s'étant employé à atteindre l'âge de cinquante-sept ans. Enseigner revient à s'engager dans quelque chose et implique d'être dirigé vers un but ; atteindre ce dernier suppose normalement attention et effort et définit le succès. Respirer, se reposer et flâner ne signifient en rien qu'on est dirigé vers un but de quelque manière que ce soit ; on ne parle pas de succès en matière de respiration, de repos ou de flânerie. Être propriétaire et atteindre l'âge de cinquante-sept ans n'impliquent pas qu'on se batte pour certains buts ; on ne peut même pas les décrire comme des choses que quelqu'un fait. « Que fait-il ? » peut recevoir les réponses suivantes « il se repose », « il flâne », « il chasse », « il enseigne » mais pas « il est en train d'être propriétaire » ou « il est en train d'atteindre l'âge de cinquante-sept ans ». En vérité, dans ces derniers cas, l'expression « être en train » est normalement inapplicable [2]. Nous pouvons dire « il est propriétaire » mais pas « il est en train d'être propriétaire » ; nous pouvons dire « il a atteint l'âge de cinquante-sept ans » mais non « il est en train d'atteindre l'âge de cinquante-sept ans ».

Par contraste, si Jones travaille à un puzzle, c'est donc qu'il essaie de le construire ; si on dit qu'il peint une maison, il faut normalement comprendre qu'il tente de faire qu'elle soit peinte ; si on dit qu'il explique à Smith comment utiliser une scie électrique, il faut comprendre qu'il essaie de faire que Smith saisisse comment il faut s'y prendre. Ce qu'il fait est alors lié à un but qu'il s'efforce d'atteindre, lequel peut être ou n'être pas atteint. Le travail de Jones sur le puzzle peut s'avérer infructueux ; il peut être trop difficile pour lui. Il peut réussir à peindre sa maison et même, ce faisant, faire un beau travail et il peut, qui plus est, voir ses efforts pour apprendre à Smith à manier la scie couronnés de succès. Dans chaque cas, l'activité engagée est dirigée vers un but défini, quel qu'il soit, et celui-ci requiert normalement des efforts prolongés pour être atteint. Dans chaque cas également la réussite constitue un indice de compétence.

2. Cette expression correspond bien entendu au participe présent anglais (« *he is owning a property, he is reaching the age of fifty-seven* »). (NDT)

Maintenant, il se peut bien sûr qu'on s'efforce de faire des choses qui ne peuvent être tenues pour des activités impliquant des tentatives répétées. On peut, par exemple, essayer de se reposer (sur une chaise particulière) ou de respirer (dans une pièce où l'oxygène est rare ou avec un poumon blessé) ou de flâner (et être interrompu par des visiteurs inattendus). De telles tentatives sont elles aussi orientées vers un but et peuvent être (ou n'être pas) couronnées de succès. Il ne s'ensuit pas que se reposer, respirer et flâner soient des tentatives ou impliquent généralement des tentatives. On ne peut pas essayer de se reposer sans essayer, mais nous nous reposons souvent sans essayer.

De plus, il est vrai que dans des occasions particulières se reposer peut être associé d'une certaine façon avec essayer. Un homme peut se reposer dans la mesure où il fait un effort pour se relaxer et retrouver son souffle, car il sait que trop d'exercice est mauvais pour son cœur. Néanmoins, les gens se reposent souvent sans essayer, ce faisant, de se relaxer ni d'ailleurs de faire quoi que ce soit. À l'inverse, décrire quelqu'un qui travaille à un puzzle, cela laisse supposer qu'il tente de le construire, décrire quelqu'un qui peint une maison suggère normalement qu'il tente de faire qu'elle soit peinte, dire de quelqu'un qu'il enseigne à un élève comment utiliser une scie électrique suggère ordinairement qu'il tente de faire que l'élève sache comment l'utiliser.

Une erreur de compréhension doit être prévenue. Travailler toute une après-midi à un puzzle ne revient pas toujours à tenter de le résoudre durant l'après-midi. Le puzzle peut être très difficile et être connu pour être difficile, de sorte que l'homme qui y travaille peut n'avoir aucune chance de le réussir en quelques heures ; et il peut très bien, en fait, ne pas être en train d'essayer de le résoudre en quelques heures. Mais il ne pourrait être dit avoir travaillé à ce puzzle, même durant l'après-midi, si ce qu'il faisait ne s'inscrivait pas dans un effort pour le construire, avec ou sans restriction de temps. De façon semblable, on peut être en train de peindre sa maison durant toute une journée sans avoir dans l'idée qu'on aura terminé à la tombée de la nuit. Mais si on ne cherchait pas du tout à faire que la maison soit peinte, on pourrait difficilement, sans que des précisions suffisantes soient apportées, être dit peindre la maison. Il se peut bien, au bout du compte, qu'apprendre à utiliser une scie électrique demande beaucoup de leçons. Jones peut ainsi enseigner à Smith durant une heure ou deux sans essayer de lui faire apprendre le fonctionnement de la scie en une heure ou deux. Mais si ce que fait Jones n'est pas accompli dans le cadre d'une tentative visant à obtenir de Smith qu'il s'en approprie le fonctionnement, il ne peut, dans des circonstances normales, être dit valablement lui enseigner comment se servir d'une scie. En somme, le but d'une activité peut se situer bien au-delà de ses limites dans le temps, en tout cas au-delà de celles d'une séquence déterminée de cette activité, il se peut même que toute détermination de temps lui fasse défaut : néanmoins, s'engager dans une activité implique généralement qu'on essaie.

Finalement, il faut noter que l'enseignement implique, avons-nous dit, un effort visant à faire réussir l'apprentissage, mais l'inverse, à l'évidence, n'est pas vrai. Les efforts déployés pour qu'un apprentissage réussisse ne peuvent généralement être dits impliquer un enseignement, comme cela a été souligné au chapitre précédent dans le cadre de la discussion portant sur les manières d'apprendre. Aussi, bien que la réussite de l'apprentissage soit nécessaire au succès de l'enseignement, ce n'est pas là une condition suffisante ; l'apprentissage doit, de surcroît, avoir été réalisé de la manière appropriée.

Que l'enseignement, tel qu'il est ordinairement compris, soit une activité réclamant des efforts et faisant part à l'exercice et à l'affinement de la compétence, qu'il soit orienté vers un but – lequel peut se trouver hors de portée de telle ou telle séquence d'enseignement particulière, ce sont là des choses que nous avons déjà vues. Nous devons maintenant rendre ses caractéristiques temporelles plus claires. Étant une activité, l'enseignement prend du temps. Supposez que je vous dise que j'ai enseigné à John et que vous me demandiez « quand ? ». Si je disais « hier matin, à exactement 11 heures et 35 minutes, mais ni avant, ni après », cette réponse serait perçue comme absurde. Enseigner ne peut correspondre à une occurrence instantanée, à l'image d'un éclair ou du flash d'une étoile filante à travers le ciel. Aussi la question « à quel moment exactement étiez-vous occupé à enseigner à John ? » n'a pas de sens évident, alors que « pendant combien de temps avez-vous été occupé à enseigner à John ? » est une question parfaitement légitime[3].

Il convient maintenant de noter que la question « pendant combien de temps avez-vous été occupé à enseigner à John ? » peut recevoir, en gros, deux sortes de réponses. Une de ces réponses peut renvoyer à des périodes de temps relativement courtes, par exemple « deux heures ». Une autre réponse peut renvoyer à des périodes plus longues, par exemple « trois semaines » ou « deux ans et demie ». Appelons ces périodes « périodes d'enseignement » et observons que toutes les portions d'une période d'enseignement ne sont pas elles-mêmes des périodes d'enseignement. Si Jones a enseigné à Smith comment conduire une voiture durant les trois dernières semaines, il ne lui a sûrement pas enseigné pendant que Smith prenait son déjeuner, durant ses heures de travail ou pendant qu'il était endormi ou en train de rendre visite à des amis. Cette période de trois semaines est plutôt caractérisée assez uniformément par un type de périodes unitaires d'enseignement que l'on peut appeler des leçons.

Si une période continue d'enseignement est telle que toutes les périodes qui la constituent sont elles-mêmes des périodes d'enseignement de la même sorte, on peut alors décrire une leçon comme une période d'enseignement continu qui n'est pas elle-même une partie de quelque autre période d'enseignement. Un ensemble structuré de leçons peut alors constituer une période d'enseignement complexe, comme peut l'être un programme d'instruction ou telle ou telle partie d'un tel programme. Bien que les leçons soient plus brèves que les cours, chaque leçon n'en est pas moins en elle-même une période de cours et non un simple moment, en dépit du fait que des épisodes aussi importants que ceux où l'élève saisit ce qui est en jeu, puissent constituer des événements momentanés susceptibles de résumer de manière appropriée les leçons où ils se sont produits.

Assistons maintenant à une leçon déterminée. Qu'est-ce qui caractérise l'enseignement durant une leçon ? Que devons-nous

3. Des questions voisines sont discutées par Z. Vendler, « Verbs and times », *The Philosophical Review*, 66-143, avril 1957.

observer pour décider que ce qui se produit devant nous constitue un exemple d'enseignement ? Nous avons déjà souligné qu'enseigner est une activité impliquant une tentative pour qu'un certain type d'apprentissage se réalise, mais pas de n'importe quelle manière. Les implications de ce point demandent à être précisées en réponse aux questions soulevées plus haut.

On suppose en effet souvent que les activités sont, toutes autant qu'elles sont, analysables en formes distinctes de mouvements corporels. Nous avons précédemment rejeté l'idée selon laquelle tout ce qui est exprimable sous une forme verbale comme une vérité sur quelqu'un renvoie à une activité. Voir que certaines de ces descriptions ne se ramènent pas facilement à des affirmations portant sur des mouvements réclame à coup sûr un supplément de réflexion. Que Jones possède maintenant 740 hectares au Texas est complètement indépendant de ses formes présentes de mouvements corporels. Le fait qu'il ait passé les quarante-cinq ans est également indépendant de ses formes de mouvement présentes, bien que, s'agissant de ce dernier point, une connexion générale avec son état physiologique soit vraisemblable. De tels cas sont toutefois relativement faciles à distinguer et il est tentant de les baptiser « états » si on cède à la tentation de soutenir que les activités, au contraire, sont toutes analysables en termes de formes de mouvement corporel. Car les activités, si on en croit cet argument, sont des choses que nous faisons, et qu'est-ce que faire sinon produire un changement dans l'environnement en réalisant un mouvement ?

Pour plausible qu'il soit, ce dernier argument n'en est pas moins mal inspiré. Il est vrai, pour commencer, que les états en question ne sont pas normalement classés parmi les choses que nous faisons. La question « que fait-il maintenant ? » peut difficilement recevoir en guise de réponse « il possède 740 hectares au Texas » ou « il vient d'avoir quarante-cinq ans ». Il est vrai, de plus, que parmi les choses qui répondent réellement à cette question, certaines peuvent aisément être traitées comme des formes distinctes de mouvements corporels. Par exemple « s'asseoir », « respirer avec régularité » (cela pourrait être dit par une infirmière d'un patient) et « flâner dans le parc » constituent toutes des réponses appropriées et indiquent des formes de mouvements (si on prend cette notion en un sens assez large pour y inclure des postures ou des orientations à côté des mouvements proprement dits).

Il est cependant également vrai qu'au nombre des autres réponses adaptées à la question « que fait-il maintenant ? » on peut compter, par exemple, « travailler sur un problème de géométrie », une description d'activité qui s'avère très difficile à interpréter en référence à une forme de mouvement déterminée, comme nous essayerons de le montrer dans un moment. Le point qu'il convient maintenant de considérer est que « faire » constitue une catégorie large, laquelle inclut des choses qui, au premier abord, sont analysables en termes de formes de mouvements et également des choses qui ne le sont pas. C'est là le fait qui ruine l'argument consistant à dire que les activités sont des formes de mouvement puisqu'elles consistent en choses que nous faisons.

Mais ce fait doit être examiné concrètement en référence à des exemples. Comparons le cas de la respiration avec celui du travail sur un problème de géométrie, l'un et l'autre relevant, peut-on dire, du faire, en opposition à ce que nous avons plus haut désigné comme des « états ». Comment est-il possible de dire qu'une personne respire durant une période donnée ? Nous observons qu'une certaine forme de mouvements se répète, associée à la séquence inspiration/expiration de l'air durant la période. Comparez avec le cas d'un garçon travaillant sur un problème de géométrie durant une période donnée. Il doit, évidemment, être en train de faire quelque chose de raisonnable compte tenu du fait que son but est de résoudre le problème. Pour travailler dessus, il doit essayer, tout autant que faire. Ce qui est fait de manière observable peut, qui plus est, changer avec la situation et sera, en tout cas, mis en rapport avec la réflexion. Pour savoir que le garçon qui est en face de nous travaille réellement sur un problème de géométrie et n'est pas simplement en train de jouer avec du papier, nous devons non seulement juger qu'il pense mais, de plus, nous devons juger que ce qu'il fait l'est avec l'espoir de résoudre le problème. Juger qu'il pense, c'est déjà aller au-delà des mouvements corporels manifestes (mais peut-être pas au-delà de certains changements internes inobservés). Qui plus est, pour juger de ce qu'il essaie de faire, nous devons aller au-delà des mouvements qu'il effectue présentement. Nous pouvons, par exemple, être au courant du fait qu'il est inscrit dans un cours de géométrie à l'école, que le problème lui a été donné en guise de travail à la maison et que la solution doit être prête pour demain, qu'il a toujours fait son travail scolaire rapidement par le passé, qu'il a fréquemment exprimé le désir de se spécialiser en mathématiques.

Tous ces éléments d'information extérieurs sont autant d'indices de son intention présente, à la lumière desquels nous interprétons ce qu'il fait (y compris les mouvements qu'il est en train d'effectuer) comme un travail sur le problème. Ses mouvements observables peuvent être n'importe lesquels parmi un nombre indéfini. Il peut arpenter le parquet, fixer la fenêtre, regarder un diagramme, tourner le papier sur le côté, froncer les sourcils, etc. Chacun de ces mouvements est, de plus, fréquemment répété par ailleurs, y compris dans des situations qui n'ont rien à voir avec le travail sur un problème de géométrie. Aucun ne constitue donc une condition nécessaire ou suffisante pour un tel travail (il s'ensuit que, pris tous ensemble, ils ne sont pas nécessaires et pris séparément, ils ne sont pas suffisants). Ici nous avons donc le cas d'une activité qu'on ne peut identifier à une forme de mouvement déterminée, quand bien même il s'agit de faire que quelque chose soit fait. Outre que la pensée est impliquée, ce qui est fait durant la période demande une interprétation en fonction du contexte environnant.

Si nous revenons maintenant à la question précédente, qui portait sur l'enseignement durant une et une seule leçon, il apparaît évident que ce cas est en tout point parallèle à celui du travail durant une période sur un problème de géométrie. Enseigner veut également dire essayer aussi bien que faire – essayer de faire apprendre quelque chose à quelqu'un. Ici aussi, ce qui est accompli ouvertement, et qui manifeste des formes de mouvements, varie indéfiniment et est reproduit dans des contextes où aucun enseignement n'est impliqué. Le maître peut parler ou demeurer silencieux, il peut écrire ou ne pas écrire, il peut poser des questions ou non, il peut faire usage d'un matériel ou d'un équipement spécifique ou non. Toutes choses qui peuvent également être faites par des personnes qui ne sont en rien en train d'enseigner. La question de savoir si un homme enseigne ou s'il est seulement en train de critiquer, de méditer, de discuter, de bouder ou d'amuser la galerie, etc. n'est donc pas de celles qui peuvent être tranchées directement par le seul examen des mouvements du maître pendant la leçon.

Outre la question de savoir ce que pense le maître, l'interprétation de ce qui est fait durant la leçon dépend de l'intention avec laquelle cela est fait, et la détermination d'une telle intention, à son tour, varie en fonction de l'information dont on dispose touchant le contexte dans lequel se déroule la leçon. Enseigner ne peut alors être assimilé à une forme de mouvements exécutés par le maître.

À la lumière de cette analyse, il apparaît que les tentatives visant à concevoir l'enseignement dans des termes béhavioristes radicaux sont, au mieux, ambiguës et, au pire, entièrement mal orientées. Si on en revient à l'exemple de la géométrie, il semble plausible d'avancer que le garçon n'a, en fait, pas résolu le problème tant qu'il n'a pas produit une preuve qu'il puisse énoncer ou écrire. Les preuves peuvent voir leur validité contrôlée, une fois produites. En ce sens étroit, on peut admettre qu'une « preuve béhavioriste » (en ce qui concerne le produit oral ou écrit des mouvements du garçon) entre dans notre jugement portant sur le succès de son activité. Il ne s'ensuit pas que, de façon générale, l'administration de preuves puisse être caractérisée par avance de sorte que nous puissions dire généralement quelle structure de mouvements de la bouche ou de la main constitue une condition suffisante de la solution de problème en géométrie ou en mathématique. Qu'une telle caractérisation soit impossible, c'est là chose démontrable sur le terrain mathématique lui-même. Cette situation est par ailleurs générale dans les sciences ; en effet, bien que les théories une fois produites puissent être évaluées quant à leur valeur scientifique, nous ne disposons pas de règles générales pour produire des théories de valeur. Penser à la résolution de problèmes comme à une séquence complexe de mouvements gouvernés par des règles, c'est là un mythe.

Il ne s'ensuit sûrement pas que le travail proprement dit du garçon sur le problème (en tant qu'il est distinct de sa résolution) puisse être considéré comme une telle séquence. Il est faux de supposer que l'apprentissage de la géométrie puisse se réduire à la maîtrise de certaines formes de mouvements spécifiques ou qu'enseigner la géométrie puisse consister à prescrire l'exécution des mouvements en question.

De la même façon, de ce qu'un exemple déterminé d'enseignement ait été couronné de succès et de ce que, de façon plausible, cette réussite puisse être vérifiée par un test comportemental prenant la forme d'un examen standardisé du savoir de l'élève, de son habileté et de ses aptitudes, il ne s'ensuit pas que l'enseignement puisse être décrit comme une forme standardisée de mouvements, même quand il s'avère couronné de succès, encore moins quand il ne l'est pas. Ainsi est-il erroné de croire qu'on peut apprendre à enseigner par le simple fait de maîtriser une forme de mouvement déterminée ou que nous pouvons enseigner à des gens à enseigner en leur prescrivant une telle forme, couchée dans des règles générales. C'est un problème crucial que de déterminer au juste ce qu'il convient de faire pour enseigner aux gens à enseigner. Il suffit pour le moment de remarquer que, quelles que soient les règles qui peuvent être appliquées ici de manière fructueuse, elles peuvent vraisemblablement se comparer davantage aux règles qu'on utilise avec succès dans l'enseignement de la géométrie ou de la science qu'à celles qu'on applique pour épeler.

Afin de conclure ce moment de la discussion, si nous devons répondre à la question de savoir si Jones se livre ou non à un travail d'enseignement durant une période déterminée, nous ne pouvons pas nous en tenir à des observations ponctuelles, mais nous ne pouvons pas davantage nous baser sur les mouvements de Jones durant la période en question. À la lumière d'informations qui débordent la période considérée, nous devons plutôt voir si ce que Jones est en train de faire vise à faire apprendre quelque chose à quelqu'un, s'il n'est pas déraisonnable de penser que ce qu'il fait va vraisemblablement provoquer l'apprentissage visé et reste dans les limites des restrictions portant sur la démarche suivie, restrictions dont on assortit ordinairement la notion d'enseignement, nous devons voir en particulier si le jugement présumé de l'élève est pris en compte, si, par exemple, l'élève n'est pas systématiquement empêché de demander « comment ? », « pourquoi ? » ou « sur quelles bases ? ».

Si Jones est en train d'enseigner, il est donc en train d'essayer. Il est clair qu'essayer de faire quelque chose n'est pas toujours réussir. Parvenir (ou non) au succès dépend de facteurs extérieurs à la tentative elle-même : l'univers doit y mettre du sien. Chasser les lions revient à essayer d'en tuer un, et en tuer un revient à réussir ladite tentative et demande davantage que le simple fait de tenter. Réussir ou avoir du succès n'est pas une activité, selon le standard que nous avons précédemment introduit ; ce n'est pas une chose que quelqu'un est en train de faire ou fait. Quelqu'un ne s'emploie pas à avoir du succès, comme s'il s'agissait là de quelque chose de différent du fait d'essayer de réussir ou de celui de réussir bel et bien. Pas davantage n'est-il approprié de répondre à la question « que faites-vous ? » en disant « je connais le succès à la chasse au lion », bien qu'il soit à coup sûr correct de dire « je chasse le lion ».

On peut évidemment objecter qu'en dépit du fait que la réponse précédente (qui renvoie explicitement au succès) soit bel et bien inappropriée, une autre réponse, faisant indirectement référence au succès, ne l'est pas : nous pouvons dire, en réponse à une demande portant sur ce que fait quelqu'un, « il est parti tuer des lions ». Il est certainement approprié de dire de Jones (qui est sorti pour une expédition de chasse) qu'il est occupé à tuer les lions.

Cette objection suppose à tort, cependant que, dans ces exemples, se trouve une référence implicite au succès. Assurément, le verbe « tuer » a des emplois « de succès », mais il a aussi des emplois « intentionnels », dans lesquels il n'implique pas le succès. Pour s'assurer que les cas avancés à l'instant en guise d'illustration sont tous des emplois « intentionnels », il suffit de constater qu'ils ne sont pas incompatibles avec l'échec. Le fait qu'il échoue à tuer un lion ne falsifie pas les descriptions précédentes du chasseur tuant ou occupé à tuer les lions ; ainsi cette description n'était-elle en rien une prédiction annonçant qu'un lion au moins serait tué. Il en va autrement lorsque le chasseur revient en disant qu'il a tué un lion ; en ce cas, son propos est clairement incompatible avec le fait de revenir bredouille. Il ne doit pas seulement avoir essayé de tuer un lion ; s'il dit la vérité, il doit avoir réussi. Notre conclusion précédente, selon laquelle le succès n'est ni une forme d'activité, ni une variété du faire peut ainsi être maintenue. Le succès est plutôt, comme l'avait souligné Ryle, le résultat approprié de différentes activités[4].

Le fait qu'il y ait un résultat approprié pour une activité montre que l'échec y est possible. Aussi, essayer est-ce toujours

4. G. Ryle, *La notion d'esprit*, *op. cit.*

risquer l'échec. Les règles propres à une activité donnée nous disent comment nous devons procéder pour maximiser les chances de succès. Mais ces règles ne sont pas toutes du même type. Dans certains cas, les règles utiles sont des formules qui, si elles sont suivies, garantissent le succès ; l'échec dans l'activité en tant que telle est possible, mais il ne se produit pas si les règles sont suivies. Pour illustrer ceci, considérons un enfant qui essaie, en écrivant, d'épeler « chat » correctement. Nous pourrions, en ce cas, formuler des règles exhaustives comme celles qui suivent : « premièrement (laisse un espace de la largeur d'une lettre sur la gauche) écris « C » ; ensuite, en ne laissant aucun espace, écris « H » à la droite de « C », sur la même ligne ; ensuite, sans laisser d'espace, écris « A » à la droite de « H » ; enfin écris « T » à la droite de « A » sur la même ligne (en laissant un espace de la largeur d'une lettre à la droite de « T ») ». L'enfant peut très bien, en fait, ne pas suivre ces règles mais il reste qu'elles sont exhaustives par rapport à l'activité et au contexte considérés, dans la mesure où aucun enfant ne pourrait, en les suivant, échouer dans sa tentative d'épeler « chat » correctement par écrit. Elles sont, de plus, utiles dans la mesure où un enfant ignorant la bonne façon d'épeler « chat » pourrait parfaitement bien savoir comment faire ce que les règles demandent de lui.

D'autres règles sont au contraire non exhaustives. Les règles de la chasse au lion disent aux chasseurs (du moins peut-on l'imaginer) ce qu'ils doivent faire lorsqu'ils tentent de tuer un lion. De telles règles portent sur les détails de l'entraînement, de la préparation et du déroulement de la chasse. Un sous-ensemble de ces règles pourrait bien être : « Vise le lion avec ton fusil chargé ; ensuite, lorsqu'il est à portée de tir et que toutes les autres conditions sont réunies, appuie sur la détente. » Supposons que les connaissances du chasseur tout comme ses aptitudes soient excellentes, qu'il saisisse bien à quel point les conditions sont bonnes, et suive l'ensemble des règles évoquées à l'instant au même titre que toutes les autres, à la lettre. Il n'est pas sûr pour autant qu'un lion soit tué ; il se peut qu'il s'enfuie en bondissant au moment crucial. Les règles que l'on doit suivre lorsque l'on tente de gagner à des jeux sont, de la même façon, non exhaustives ; on peut très bien suivre toutes les règles durant l'entraînement et le jeu et finir par perdre la partie.

Les règles pour chercher les aiguilles dans les bottes de foin seront, de la même façon, non exhaustives si elles doivent être utiles, et comme nous l'avons suggéré précédemment, les règles pour trouver des preuves géométriques sont, de manière analogue, non exhaustives, bien que les règles de calcul de l'arithmétique (par exemple pour faire une somme) enseignées à l'école élémentaire ressemblent davantage aux règles employées pour épeler. (Il vaut la peine de noter ce fait important : les règles mathématiques ne sont pas d'un type unique.)

Il est toujours facile, assurément, de formuler des règles exhaustives qui ne seront d'aucune utilité. Aux règles de la chasse au lion mentionnées plus haut, nous pouvons, par exemple, ajouter « tue le lion ». Quiconque suivant cette dernière règle ne peut manquer de tuer un lion, mais il est d'ordinaire vrai que s'il ne sait pas comment tuer un lion, il ne saura pas non plus comment suivre la règle. D'un autre côté, omettre cette règle inutile aura pour effet de laisser l'ensemble incomplet. De la même façon, à quelqu'un en quête d'un avis touchant la manière de gagner une course, nous pourrions dire « il faut que tu parviennes à l'arrivée avant tous les autres coureurs », et à quelqu'un cherchant une aiguille dans une botte de foin nous pourrions dire « repère l'aiguille, penche-toi et ramasse-la ». De telles règles ne seront, quoi qu'il arrive, d'aucune utilité dans des situations normales. Malheureusement, dire à un étudiant en géométrie cherchant une preuve « trouve une séquence de propositions s'achevant par le théorème en question, de telle sorte que chaque proposition de la séquence soit un axiome ou soit logiquement dérivable de ses prédécesseurs dans la séquence » n'est pas d'une inutilité aussi patente (même si, de fait, c'est tout aussi inutile). Le problème auquel ces étudiants sont confrontés est précisément de savoir comment s'y prendre pour trouver une telle séquence, et aucune règle susceptible de s'avérer utile à cet égard n'est en même temps capable de garantir le succès. Des considérations analogues s'appliquent à la recherche de théories scientifiques fécondes, comme nous l'avons précédemment suggéré.

Si nous en venons maintenant au cas de l'enseignement, il apparaît qu'il ressemble davantage à la chasse au lion qu'à l'activité qui consiste à épeler les mots, du moins pour ce qui a rapport avec les règles. Il n'est pas de règle conçue pour rendre plus vraisemblable le succès qui soit à la fois exhaustive et utile pour le futur maître, à tout le moins pour autant que nous le sachions. Les règles de l'enseignement peuvent tout au plus améliorer celui-ci, autrement dit le rendre plus efficace ; elles ne peuvent pas exclure complètement l'échec. Nous pouvons, si nous le voulons, qualifier l'enseignement d'art pratique (*practical art*) dans la mesure où il constitue une activité, orientée vers un but définissant le succès, et susceptible d'être améliorée à l'aide de règles, lesquelles n'assurent toutefois pas le succès. L'établissement de telles règles est une des tâches éminentes de la recherche en éducation. D'autres règles du même type excluront différentes sortes de tentatives inefficaces pour enseigner avec succès, d'autres indiqueront lesquelles parmi les tentatives efficaces le sont plus que les autres.

En tant qu'art pratique, l'enseignement ressemble à la médecine, à l'engineering, et à la cuisine, par exemple. Ces différents arts, qui plus est, se distinguent de la science conçue comme un corps d'affirmations visant la vérité sur la base des meilleures preuves disponibles. Il est sensé de dire de telles affirmations qu'elles sont vraies ou fausses, bien ou mal confirmées, crues ou non. Aucune de ces descriptions ne s'applique à l'enseignement, à la construction d'un pont, à la cuisine ou aux soins apportés à des patients. Ces derniers sont des activités, non des propositions. Inversement, les propositions ne font pas partie des choses que l'on fait ou dans lesquelles on s'engage. Lorsque le terme « science » dénote un ensemble de propositions, c'est pour qu'il soit distingué des termes dénotant des activités. Néanmoins, les propositions scientifiques ne se développent, ni ne naissent d'elles-mêmes. Elles sont elles-mêmes des produits de l'activité scientifique et, pour désigner celle-ci, nous pouvons employer l'expression « investigation scientifique ». Une telle investigation est à son tour un art pratique, comme le sont l'enseignement et la construction de ponts. Elle est aussi une activité dans laquelle on peut être engagé par le fait qu'on vise à développer des théories adéquates, susceptibles d'être améliorées par l'application de règles, lesquelles n'assurent cependant pas le succès. L'activité scientifique est, à cet égard, sur un pied d'égalité avec les autres arts pratiques.

Il y a toutefois un autre aspect qui rend l'activité scientifique indispensable à tout le reste. Les résultats auxquels elle prétend consistent en propositions ajustées à toutes les preuves factuelles disponibles. Ce sont de telles propositions qui ne sont pas seulement utilisées pour inférer et faire des prédictions, mais aussi pour élaborer des règles d'activité, règles qui sont ainsi adaptées à tous les arts pratiques, y compris l'enquête elle-même. Ces propositions fournissent une information concernant l'efficacité de démarches adoptées pour parvenir à un résultat donné, et indiquent également quelles démarches ne valent pas la peine. Elles nous indiquent, en détail, de quelle manière des démarches peuvent entrer en conflit les unes avec les autres, et quelles conséquences elles peuvent avoir qui ne font pas partie de l'éventail des résultats désirés. Toutes les informations de ce type sont clairement pertinentes, dès lors qu'il s'agit, de manière générale, d'améliorer l'efficacité des activités. L'investigation scientifique en éducation (ou la recherche éducative), pour prendre un exemple particulier, peut produire des énoncés indiquant quelles démarches sont les plus efficaces, quelles combinaisons de démarches s'opposent, à quels effets secondaires on est en droit de s'attendre. La relation entre la recherche en éducation et l'enseignement peut ainsi être comparée à la relation entre la recherche physique et l'engineering ou, mieux, à celle entre recherche médicale et pratique clinique de la médecine.

Ce dernier exemple doit nous rappeler en fait que la relation entre art pratique et ce qu'on peut appeler sa « science sous-jacente » ne doit pas être simplifiée à outrance. En particulier, on ne doit pas supposer qu'à chaque art pratique (quelle que soit la façon dont les membres de cette catégorie plutôt vague sont spécifiés) il correspond une et une seule science sous-jacente. La recherche médicale n'est pas limitée à la biologie et la recherche en éducation n'est pas davantage limitée à la psychologie. Les divisions entre les sciences ne sont pas, assurément, en elles-mêmes, très importantes ou constantes mais, quelle que soit la réalité qu'elles peuvent avoir à quelque moment que ce soit, elles découlent largement du développement autonome de la théorie scientifique, indépendamment des objectifs définissant les arts pratiques. De plus en plus, la psychologie est considérée comme pertinente pour la médecine, la biologie et la chimie pour la psychiatrie, la physique pour l'art de gouverner. La recherche en éducation ne peut être considérée comme une seule et unique science, mais plutôt comme le but commun de nombreuses sciences ayant un rapport avec la pratique éducative. Il faut compter au nombre de ces sciences non seulement la psychologie, mais aussi, par exemple, la sociologie, l'anthropologie, la biologie et l'économie.

Aussi, bien qu'il ne se trouve jamais une science et une seule pour sous-tendre chacun des arts pratiques majeurs, le degré auquel un corps de connaissances scientifiques ou un autre intervient dans une pratique est un facteur important déterminant son degré de professionnalisation. Car les règles qui guident la pratique peuvent incorporer l'information factuelle sans pour autant être dans tous les cas le produit d'une enquête scientifique sophistiquée. Elles peuvent faire partie de l'héritage du sens commun ou du folklore ou de l'expérience accumulée par les praticiens eux-mêmes. De telles règles s'avèrent souvent tout à fait fiables, mais elles sont isolées en ceci qu'elles ne sont pas clairement reliées à une structure théorique sous-jacente de propositions scientifiques. Ainsi sont-elles utiles sur le plan pratique au praticien mais ne lui permettent pas d'expliquer, au sens général, ce qu'il fait ni pourquoi sa démarche fonctionne[5].

Comparez le savoir concernant l'efficacité de différentes herbes qui guidait la pratique médicale dans l'ancien temps avec le savoir théorique guidant la pratique médicale la plus éclairée d'aujourd'hui. Le premier constituait un savoir ponctuel, ne fournissant aucune compréhension générale des démarches qu'il recommandait (ce qui ne veut pas dire que ces dernières étaient inefficaces ; dans bien des cas, elles anticipaient les pratiques médicales éclairées qui sont apparues plus tard). La pratique médicale tire en grande partie son statut professionnel actuel de sa relation à des corpus de théories scientifiques qui, progressivement, mettent le médecin en mesure de comprendre et d'expliquer ce qu'il fait. Une telle capacité signifie que le médecin n'avance pas grâce au flair, mais exerce son jugement pratique et son discernement en choisissant et en variant le traitement en fonction des cas individuels, à la lumière de son appareillage théorique.

5. Pour un traitement de questions voisines, voyez D. J. O'Connor, *An Introduction to the Philosophy of Education*, New York, Philosophical Library, 1957, chapitre 5.

La question du statut professionnel reste toutefois affaire de degré et est exposée à de grands changements au cours du temps. Nous avons déjà comparé le savoir primitif portant sur les herbes avec la recherche médicale contemporaine. Bien peu d'arts, en fait, peuvent maintenant rivaliser avec la médecine pour ce qui touche au statut professionnel. À l'autre extrême, nous pouvons considérer la cuisine, qui reste très largement affaire de flair, lequel s'acquiert au fil des réussites et des erreurs (sauf pour ce qui touche au rôle croissant des livres de cuisine) et se transmet de mère à fille, d'ami à ami, de maître à apprenti, et ceci avec peu ou pas de compréhension théorique des raisons qui rendent les démarches recommandées efficaces et font qu'on les pense préférables à d'autres.

Il n'y a, bien entendu pas, ici, de gradation définie, ni non plus de moyen précis de placer d'autres activités sur l'échelle aussi approximative qu'hypothétique qui va de la médecine à la cuisine. Beaucoup d'observateurs, forcés d'avancer une hypothèse sur la manière de localiser l'enseignement, le placeraient au milieu, un peu plus près de la cuisine. Cette manière de le situer, à supposer qu'elle soit correcte, est néanmoins susceptible de changer, et il n'y a aucune raison *a priori* qui ferait que la pratique des maîtres ne pourrait être sans cesse davantage guidée par un corpus théorique d'informations scientifiques. Un tel progrès dépend en partie du développement des sciences, en particulier sociales. Il dépend, en partie également, de la permanence d'une volonté d'appliquer à la pratique éducative l'investigation scientifique. En tout cas, la professionnalisation croissante de l'enseignement dépend en grande partie d'un tel développement, lequel mettrait l'enseignant toujours davantage en mesure de juger et de choisir ses démarches en se basant sur une compréhension théorique, plutôt que sur la simple conformité à des recettes de livre de cuisine contenues dans l'héritage des générations précédentes. Ceci, une fois encore, ne revient pas à dire qu'un tel héritage est en fait inefficace, ni qu'on devrait cesser maintenant de le suivre. Au contraire, nous avons, au jour d'aujourd'hui, bien peu de choses sur lesquelles nous pouvons nous appuyer dans le domaine de l'éducation qui soient meilleures. Il est néanmoins possible d'adopter à l'égard de cet héritage une double attitude : se préparer à le suivre dans la pratique courante et, en même temps, encourager le développement de la recherche scientifique dans le champ éducatif et son usage dans le but de critiquer et de réviser l'ensemble de notre héritage en la matière.

Il est important, pour conclure la présente discussion, de consacrer nos efforts à l'élaboration d'une vue générale de la relation entre enseignement et recherche scientifique, et ce à la lumière de l'analyse précédente. Nous sommes en présence de deux activités ou arts pratiques, définis par des buts différents. Le résultat de la recherche peut être exploité afin d'améliorer la pratique de l'enseignement, mais les buts de la recherche sont distincts de ceux de l'enseignement. Le but de la recherche est d'élaborer des théories conformes à tous les faits, théories pouvant ainsi être considérées comme les meilleures appréciations des vérités de la nature et comme des guides pour l'action. Ce faisant, il est normal que la recherche s'éloigne beaucoup du monde de la pratique quotidienne auquel ses résultats trouveront peut-être à s'appliquer un jour. C'est parce qu'elle s'abstrait du monde pratique que l'enquête scientifique est en mesure de produire des principes concis et englobants expliquant ce qui se passe dans le monde.

Les buts de la recherche la conduisent ainsi à s'éloigner de la sphère des autres arts pratiques dont les préoccupations sont beaucoup plus centrées sur le monde de la pratique quotidienne. Les maîtres, par exemple, veulent faire réaliser ici et maintenant par leurs élèves certains apprentissages et non élaborer un appareil théorique visant à expliquer l'apprentissage en question. La divergence en question est compréhensible et légitime au vu de la différence entre les buts visés. Il est peut-être plus important de noter, cependant, que l'amélioration de la pratique n'est pas facilitée mais retardée par les tentatives pour combler le fossé. Plus la recherche se limite aux sphères locales et pratiques, moins elle est en mesure de prétendre à une appréhension théorique générale, et donc à un rôle de guide et d'explication des pratiques.

Si la recherche doit être effectivement mise en rapport avec la pratique de l'enseignement, la divergence de but entre le maître et le chercheur en éducation doit être reconnue comme légitime et comme une invitation à adopter dans le travail des distances différentes par rapport au monde de la pratique. Il doit, bien entendu exister aussi une relation d'intérêt sympathique et mutuel entre maîtres et chercheurs en éducation. Les maîtres ne doivent pas seulement comprendre la différence de but qui les sépare du chercheur, ils doivent aussi être capables de comprendre les implications pour leur propre travail des résultats auxquels il parvient. De leur côté, les chercheurs ne doivent pas seulement apprécier les buts inspirant l'enseignant ; ils doivent aussi comprendre les problèmes particuliers qu'il rencontre dans diverses situations et vouloir les prendre à la fois comme points de départ pour la recherche et comme points d'arrivée auxquels les résultats de la recherche peuvent être appliqués.

Chapitre 5
Enseigner et dire

Le chapitre précédent exposait un certain nombre de considérations générales se rapportant à l'enseignement en tant qu'activité. Dans le présent chapitre, nous allons tenter de mettre en évidence de manière détaillée certains aspects de l'enseignement en examinant trois paradigmes représentant des usages fréquents du verbe « enseigner » et par une comparaison étendue avec les emplois correspondants du verbe « dire ». Espérons que cette analyse ne fournira pas seulement une vue plus complète de ce à quoi se rapporte le mot familier « enseigner » mais qu'elle apportera également une aide pratique en clarifiant les discussions tournant autour de la notion de curriculum.

Commençons par introduire trois paires de schémas, chaque paire étant comprise dans un schéma paradigmatique d'utilisation du verbe « enseigner » et dans le schéma paradigmatique de l'utilisation correspondante du verbe « dire ». Il sera par la suite référé à chaque schéma dans la discussion au moyen de la lettre qui le précède.

A. X dit à Y que ....
B. X enseigne à Y que ....
E. X dit à Y comment..................
F. X enseigne à Y comment.........

C. X dit à Y de............................
D. X apprend à Y à ....[1]

1. Le parallèle existant en anglais (*to teach to/to tell to*) ne peut être maintenu en français, car, normalement, « enseigner à » ne se dit pas dans notre langue. (NDT)

« Dire » est un mot qui convient à la comparaison que nous projetons de mener car, comparable en flexibilité à « enseigner », il peut être employé de trois manières représentées par le schéma ci-dessus et, de plus, son emploi est étroitement lié à celui d'enseigner : nombre d'enseignements – voire tous – impliquent de dire. À l'opposé, « instruire » peut être employé dans des contextes de la forme « X instruit Y en… » qui se rapproche de D [2], mais pas, normalement, dans des contextes de la forme « X instruit Y que » (parallèle à B) ni non plus dans des contextes de la forme « X instruit Y comment » (parallèle à F). D'un autre côté, « informer » est normalement utilisé dans des contextes de la forme « X informe Y que… » mais non dans des contextes de la forme « X informe Y comment… » ni non plus dans ceux de la forme « X informe Y à… ». Ainsi « dire » constitue-t-il un meilleur standard de comparaison.

Comparons maintenant A (dire que) et B (enseigner que). Dire, tout comme enseigner, peut être dit normalement impliquer une activité. Mais, à la différence d'enseigner, dire n'implique généralement pas que X tente de faire apprendre à Y. Aussi, si X réussit à enseigner à Y que Colomb a découvert l'Amérique, cela veut dire que Y (à un moment ou à un autre) a appris que Colomb a découvert l'Amérique. Si X réussit à dire à Y que Colomb a découvert l'Amérique, nous ne pouvons en inférer que Y a, à quelque moment que ce soit, appris ce fait ou qu'il l'apprendra un jour. Pour que X dise avec succès à Y que Colomb a découvert l'Amérique (pour que X l'ait bel et bien dit), il faut ordinairement que certaines conditions soient remplies par l'auditeur Y. Il faut par exemple que Y soit conscient, à portée de voix et soit capable (à tout le moins, à l'aide de certains moyens, par exemple avec le concours d'un interprète) de comprendre le langage dans lequel le message de X est formulé. (Si Y est inconscient, hors de portée de voix ou incapable de comprendre le langage de X, nous pouvons décrire les efforts énergiques de X pour communiquer comme autant d'exemples

2. On dit « *to instruct to* » en anglais mais on ne dit pas normalement « instruire à » en français. La seule solution est alors de dire « instruire en » et de suggérer un parallèle entre « X instruit Y en arithmétique » et « X apprend à Y à faire de l'arithmétique ». (NDT)

d'efforts pour dire ou considérer qu'ils illustrent l'usage « intentionnel » de « dire », mais nous nous abstenons alors de toute attribution de succès.) Néanmoins, même si X réussit à dire, cela n'implique en rien que Y apprenne le message de X, maintenant ou dans un quelconque avenir. Y peut comprendre le message sans que cela se manifeste ensuite le moins du monde. Même si Y est entrain de rêver éveillé ou s'il est préoccupé et affirme n'avoir pas entendu le message de X, il n'est pas absolument évident que X n'ait pas réussi à le dire : X pourrait répondre : « Je te l'ai dit comme il convenait, mais tu n'as pas entendu – tu étais bien trop occupé à lire un papier pour écouter. » (Il ne dirait cependant pas de la même façon « oui, je te l'ai dit comme il convenait, mais tu étais inconscient » ou « ... tu ne comprends pas le français » ou « ... tu étais bien trop loin pour m'entendre ».) En tout cas, quelles que soient les conditions requises pour qu'on dise une chose avec succès, il est clair que le fait que X apprenne n'est pas à mettre au nombre de ces conditions.

À l'opposé, si X a enseigné à Y (lui a enseigné avec succès) que Colomb a découvert l'Amérique, cela implique normalement que Y a appris que Colomb a découvert l'Amérique. En quoi consiste cet apprentissage et comment il peut se manifester, ce sont là des questions importantes mais distinctes. Y doit vraisemblablement être capable d'énoncer ce fait ou encore d'en faire usage, mais sur ce point les détails exacts ne sont pas pertinents compte tenu des buts que nous poursuivons. Combien de temps Y doit-il retenir le fait ? C'est là également une question dont la réponse précise (s'il en est une) n'a pas d'incidence sur nos préoccupations présentes. Y peut très bien oublier rapidement le fait, mais s'il ne l'a pas retenu durant un certain temps, X ne peut être dit avoir réussi à lui enseigner que Colomb a découvert l'Amérique. En faisant référence à la rétention, on indique aussi au passage ce qui fait que les tests sont pertinents en matière d'enseignement, mais pas en ce qui concerne l'acte de dire. Si un test effectué sur un élève ne révèle aucune rétention, il est raisonnable d'inférer (en supposant qu'il n'y ait pas eu antérieurement de rétention qui se serait ensuite dissipée) que l'enseignement a échoué. Mais le maître peut très bien, dans les mêmes circonstances, avoir réussi à dire ce qu'il voulait.

Ce que cela signifie pour Y d'avoir appris que Colomb a découvert l'Amérique constitue, nous l'avons dit, une question importante mais indépendante de nos préoccupations présentes. Nous ne devons pas, cependant, supposer que les énoncés de la forme B sont tous semblables quant à la sorte d'apprentissage requise pour que l'enseignement réussisse. En vérité, certains de ces énoncés méritent d'être classés à part car ils présentent des différences significatives et s'avèrent cruciaux dans les discussions en éducation ; de plus ils servent à distinguer plus précisément les formes A des formes B. Dans la suite nous nous référerons aux phrases telles que « Colomb découvrit l'Amérique » en les appelant « énoncés de faits » (*fact-stating*). Il est important de reconnaître que les formes A et B sont susceptibles d'inclure non seulement des énoncés de faits mais aussi des énoncés normatifs, par exemple « on doit payer ses dettes » ou « l'honnêteté est la meilleure des lignes de conduite » [3]. Aussi pouvons-nous envisager de dire à quelqu'un qu'il devrait payer ses dettes ou d'enseigner à quelqu'un que l'honnêteté est la meilleure des lignes de conduite. Ce sont les énoncés de ce dernier type qu'il nous faut examiner, après quelques remarques préliminaires.

Les distinctions entre « faits », « valeurs » et « normes », et les distinctions entre énoncés de faits, énoncés éthiques et énoncés moraux ont été largement discutées par les philosophes et des contributions précises ont été apportées sur ces points par des représentants récents de l'analyse philosophique. Les questions sont difficiles et compliquées et il n'est pas de solution simple susceptible d'emporter une adhésion d'ensemble, même

3. La catégorie des énoncés normatifs ici introduite n'inclut pas seulement ceux du type « on doit payer ses dettes », dont on considère usuellement qu'ils expriment des principes moraux, mais aussi ceux du type « l'honnêteté est la meilleure des politiques » dont on peut penser qu'ils expriment surtout des maximes pratiques sans que celles-ci s'enracinent dans des principes moraux appropriés. Ainsi la catégorie des énoncés normatifs est-elle ici considérablement plus étendue qu'elle ne l'est selon les autres interprétations courantes dans les discussions d'éthique. Je retiens l'interprétation large car elle paraît plus adaptée aux problèmes d'éducation qui sont notre préoccupation principale.

si de nombreux points ont été mis en lumière [4]. La présente distinction entre énoncés de faits et énoncés normatifs n'est cependant pas destinée à apporter une réponse générale à ces questions. Aussi, la distinction suggérée ici laisse-t-elle entièrement ouverte la question de savoir si les énoncés normatifs sont « cognitifs », « vrais ou faux », « susceptibles d'être confirmés empiriquement », et également celle de savoir si les vérités n'ont pas par elles-mêmes une force normative. Dans le cadre de la présente discussion, les phrases normatives sont plutôt celles qui donnent lieu à une curieuse ambiguïté lorsqu'elles sont utilisées pour remplir les blancs dans des contextes de la forme « Y a appris que… ». En quoi consiste cette ambiguïté ?

Si on dit de Jones qu'il a appris que l'honnêteté était la meilleure des lignes de conduite, nous pouvons comprendre cela de deux façons, qu'on peut en gros distinguer comme suit. Nous pouvons, d'un côté, supposer que Jones a acquis la norme ou la manière d'agir dont il est question, qu'il a développé une tendance à prolonger cette ligne de conduite, qu'il a appris à se conduite honnêtement et à être honnête. L'apprentissage de Jones, dans cette interprétation, ne se résume pas forcément à l'acquisition de la norme ou de la manière d'agir en question, mais celle-ci demeure une composante indispensable, de sorte que la preuve d'une malhonnêteté flagrante de la part de Jones serait tenue pour une réfutation de l'affirmation selon laquelle il a appris que l'honnêteté était la meilleure ligne de conduite. De manière semblable, la preuve qu'un écolier a obstinément refusé de restituer l'argent qu'il a emprunté, montrerait, si on suit la présente interprétation, qu'il n'a pas appris qu'il devait payer ses dettes. Nous évoquerons désormais cette interprétation en la qualifiant d'« active ».

Nous pouvons, d'un autre côté, adopter une interprétation non active des énoncés « Jones a appris que l'honnêteté était la meilleure ligne de conduite » et « Jones a appris qu'il devait payer ses dettes. » Si on souscrit à cette interprétation non active, alors l'acquisition par Jones des manières d'agir en

4. Pour une étude critique de ces questions et de leurs approches récentes, voyez H.D. Aiken, « Moral philosophy and education », *Harvard Educational Review*, 25 : 39, hiver 1955, repris dans I. Scheffler, *Philosophy and Education*, *op. cit.*

question n'est plus indispensable à la vérité de ces énoncés. Aussi, une malhonnêteté patente de la part de Jones ne serait-elle pas tenue pour une réfutation du premier, pas plus que la preuve que le non-paiement d'une dette était intentionnel ne réfuterait le second. Une telle preuve pourrait, tout au plus, être considérée comme le signe chez Jones d'une faiblesse de la volonté, d'une irrationalité ou d'une contradiction entre croyance et comportement. On ne verrait pas là quelque chose d'incompatible avec la vérité des énoncés concernés en elle-même. Dans l'usage courant, les interprétations actives et non actives de nos énoncés portant sur l'apprentissage sont également courantes et elles sont, bien évidemment, l'une et l'autre théoriquement légitimes. Mais ces énoncés portant sur l'apprentissage sont du coup ambigus et il convient d'établir clairement quelle interprétation est mise en œuvre si doivent être rendues des décisions sans ambiguïtés dans des cas importants.

L'ambiguïté que nous venons de relever apparaît seulement lorsque certaines phrases viennent remplir le blanc dans le schéma « Y a appris que... ». Ce sont ces phrases, produisant l'ambiguïté indiquée plus haut que nous appelons ici énoncés normatifs, sans préjuger de leur statut (ou de leur absence de statut) cognitif. Tous les autres sont des énoncés de fait, sans préjuger de leur statut (ou de leur absence de statut) normatif.

Examinons à présent ce que produit l'utilisation d'un énoncé de fait pour remplir le blanc dans « Y a appris que... » et voyons par nous-mêmes un cas dans lequel l'ambiguïté discutée n'apparaît pas. Considérez par exemple l'énoncé « Smith a appris que Colomb a découvert l'Amérique ». Pour que l'ambiguïté en question se manifeste, il faut qu'apparaisse aussi bien la possibilité d'une interprétation active que celle d'une interprétation non active. Une interprétation active exigerait qu'on considère que Smith a acquis la norme ou la manière d'agir à laquelle se rapporte la phrase venant remplir le blanc. Mais, dans notre exemple présent, la phrase en question ne renvoie en rien à une telle norme. Ou, pour le dire plus simplement, alors que le fait que Jones ait appris que l'honnêteté est la meilleure ligne de conduite est souvent considéré comme impliquant qu'il a appris à être honnête, alors que le fait qu'il ait appris qu'il faut rembourser ses dettes est souvent vu comme assurant qu'il a désormais une tendance à rembourser ce qu'il doit, en revanche, le fait que Smith ait appris que Colomb a découvert l'Amérique n'implique en rien qu'il ait appris à être Colomb ou qu'il ait acquis une tendance à découvrir l'Amérique. L'ambiguïté ne se manifeste pas ici car il n'est pas possible de donner consistance à l'interprétation active.

Nous pouvons maintenant tenir ensemble différents fils. Nous avons noté que certaines phrases (celles qui sont normatives) sont susceptibles de rendre ambigus des contextes particuliers dans lesquels intervient le verbe « apprendre ». Dans l'interprétation active de tels contextes, l'apprentissage inclut l'acquisition de la norme même ou de la forme d'action indiquée par la phrase normative. Dans l'interprétation non active, une telle acquisition n'est pas un élément indispensable de l'apprentissage en question. Nous avons vu, qui plus est, qu'il existe d'autres phrases (celles qui portent sur des faits) pour lesquelles, dans la mesure où l'interprétation active est écartée dans les contextes où figure le verbe « apprendre », l'ambiguïté en question n'intervient pas ; la seule interprétation appropriée est non active dans la mesure où nulle acquisition de norme n'est impliquée par la phrase portant sur un apprentissage.

Rappelons que, en différenciant A et B, nous avons remarqué que la réussite lorsqu'on enseigne que… implique de façon correspondante que celui à qui on enseigne apprenne que…, alors que la réussite lorsqu'on dit que… n'implique rien de tel. En conséquence, pour des affirmations de la forme A, que la phrase venant remplir le blanc énonce un fait ou une norme n'induit aucune différence en ce qui concerne les conditions de succès. Car la différence entre les phrases énonçant un fait et celles énonçant une norme est une différence concernant la sorte d'apprentissage qui est décrit lorsqu'elles sont enchâssées dans des contextes où figure « apprendre que ». Aussi les conditions s'appliquant à Y pour que X puisse être dit avoir réussi à lui dire que l'honnêteté est la meilleure des politiques sont-elles en général identiques à celles qui s'appliquent à Y pour que X puisse être dit avoir réussi à lui dire que Colomb a découvert l'Amérique ; par exemple, Y doit avoir été conscient, à portée de voix et capable de comprendre le langage du message de X, etc.

Si on considère maintenant les affirmations de la forme B, on s'aperçoit qu'elles contrastent avec les précédentes car en passant, pour remplir le blanc, des phrases factuelles aux phrases normatives, on constate à l'occasion des différences pour ce qui est des conditions de succès de l'enseignement en question. En effet, un tel succès implique un « apprendre que » qui lui corresponde et, lorsque la phrase venant remplir le blanc est normative et reçoit en contexte une interprétation active, l'apprentissage en question implique l'acquisition par Y de la norme ou de la forme d'action à laquelle il est fait référence. Le succès de l'enseignement implique ici – ce qu'il ne faisait pas jusque-là lorsque le blanc était rempli par des énoncés factuels – un mode d'acquisition de la norme. Aussi, si X a réussi dans sa tentative d'enseigner à Y que l'honnêteté est la meilleure des lignes de conduite, cela implique quelque chose qui n'était pas impliqué par la réussite de X dans sa tentative d'enseigner que Colomb a découvert l'Amérique : l'acquisition par Y d'une forme d'action, laquelle est indiquée par la phrase venant remplir le blanc. La réussite de l'enseignement se mesure dès lors en regardant si la conduite de Y est conforme à la norme considérée ; l'incapacité à s'y conformer exclut qu'on puisse parler de réussite.

La différence qui vient d'être indiquée à propos des conditions de réussite de l'enseignement (lorsqu'on passe des énoncés factuels aux énoncés normatifs) serait intéressante mais bien moins importante qu'elle ne l'est en fait si l'ambiguïté des phrases normatives discutée précédemment n'existait pas. Car cette ambiguïté résulte de la possibilité d'une interprétation active, comme d'une interprétation non active des contextes où figurent « apprendre que » et dans lesquels des phrases normatives sont enchâssées. Et quand une interprétation non active est donnée de l'apprentissage impliqué par la réussite d'un enseignement au sens B, l'acquisition par Y de la norme concernée n'est pas requise pour que l'enseignement puisse être dit avoir réussi. Dans les faits, une telle interprétation assimile l'énoncé B à ceux dont le blanc est comblé par des énoncés factuels, là où la nécessité fait qu'aucune interprétation active n'est envisageable. Ce qui est le plus grave lorsqu'on passe à un énoncé normatif dans un contexte de type B est que ce dernier se retrouve, par le fait même, infecté par l'ambiguïté concernant la nature de la réussite impliquée. Une telle ambiguïté est d'une importance capitale pour le traitement de l'éducation morale comme pour celui de la relation entre savoir et conduite [5], et justifie qu'une attention spéciale soit portée aux contextes de type B contenant des énoncés normatifs et que des efforts particuliers soient consacrés à résoudre l'ambiguïté dans de tels contextes. Quel est le danger de cette ambiguïté ?

Si l'ambiguïté n'est pas levée, une erreur particulière se trouve encouragée, entraînant à la fois des conséquences pratiques et théoriques. (Supposons que là où l'interprétation active de la composante normative est adoptée, nous nous accordions pour parler, par souci de brièveté, de l'ensemble de la phrase B comme d'une assertion redevable d'une interprétation active, en ceci que l'acquisition de la norme par Y est à la fois ce à quoi s'efforce X et est indispensable au succès de son enseignement. De façon semblable, parlons de l'ensemble de la phrase B comme d'une assertion redevable d'une interprétation non active lorsque la composante normative est interprétée en un sens non actif ou lorsque l'énoncé venant remplir le blanc est factuel.) Imaginez maintenant qu'à la satisfaction de tous, le succès d'une phrase B avec une composante normative, dans son interprétation non active, soit établi. Nous avons rassemblé toutes les preuves disponibles de ce succès, preuves qui sont du genre de celles qu'on tient pour adéquates lorsque l'on a affaire à des phrases B comportant un énoncé factuel ; autrement dit, on a interrogé Y dans des conditions rigoureuses, on a soumis à son jugement différentes assertions, on l'a amené à tirer des inférences à partir de l'énoncé en question, etc. mais on a négligé d'examiner sa conduite en relation avec l'acquisition de la norme. Il serait fallacieux d'en inférer que nous avons ce faisant établi le succès de la phrase B prise dans son interprétation active, c'est-à-dire que nous avons établi l'acquisition par Y de la norme en question. Il se peut que la norme ait bel et bien été acquise, mais on ne peut le supposer sur la base du fait que Y réponde à un ensemble de critères d'un genre totalement différent.

Cette erreur se trouve facilitée par l'ambiguïté des phrases B et il se peut qu'elle soit l'une des racines du « verbalisme » en éducation morale, lequel consiste à croire qu'un développement

5. Pour une discussion de points voisins voyez J. Roland, « On "knowing how" and "knowing that" », *The Philosophical Review*, 67 : 379, juillet 1958.

réussi de la personnalité morale est la conséquence obligée du succès d'un enseignement (non actif) de formules éthiques. Une semblable erreur se trouve encouragée lorsque, en réfléchissant aux buts qu'il poursuit en enseignant à Y, X ne parvient pas à distinguer le fait d'amener Y à acquérir une certaine norme ou une certaine forme de conduite et le fait d'amener Y à connaître la norme comme on peut connaître un fait historique ; bref, lorsque X n'a pas les idées claires sur la question de savoir si la transgression de la norme par Y est une chose qu'il tente d'éliminer ou non.

L'ambiguïté que nous discutons peut être mise en relation avec de vieux problèmes de la philosophie, tel celui de savoir si la vertu peut être enseignée. On tient que Socrate aurait affirmé que personne ne peut, volontairement et en toute connaissance de cause, choisir le mal ou rejeter le bien [6]. Si quelqu'un sait ce qu'est le bien, il est impensable qu'il ne le choisisse pas. Aussi la vertu peut-elle s'enseigner. Nous devons simplement réussir à enseigner aux gens ce qui est bon et, à partir de là, la conduite vertueuse est assurée. En contradiction avec cette vue, la plupart des autres philosophes ont considéré que les hommes rejettent bel et bien ce qu'ils tiennent pour le bien et choisissent consciemment le mal. Les religions de l'Occident ont, de semblable façon, soutenu que le savoir n'était pas suffisant pour être vertueux et que la bonne volonté était également requise. L'homme, en raison même de sa liberté, peut délibérément pécher, alors même qu'il sait l'objet de son choix être mauvais. L'éducation morale est alors tenue pour inadéquate dans la mesure où elle se borne à éclairer l'intellect ; il est également besoin de raffermir la volonté et de sensibiliser la conscience.

À la lumière de l'analyse précédente, il peut sembler que l'enjeu, tel qu'il vient d'être exposé, ne soit pas aussi fondamental qu'on l'a supposé. Si nous traitons « X enseigne à Y que l'honnêteté est la meilleure des lignes de conduite » sur le modèle de « X enseigne à Y que Colomb a découvert l'Amérique », nous lui donnons une interprétation non active,

6. Voyez par exemple, W. K. Frankena, « Toward a philosophy of moral education », *Harvard Educational Review*, 28 : 300, automne 1958, spécialement la section I.

qui induit qu'un tel enseignement sera tenu pour un succès même dans les cas où Y ne parvient pas à mettre en œuvre la norme de l'honnêteté dans sa propre conduite. Il s'ensuit que son acquisition de cette norme est indépendante du succès de l'enseignement moral dont il a bénéficié. Ceci revient à dire que la conduite vertueuse n'est pas automatiquement garantie par un enseignement moral réussi.

Si, d'un autre côté, nous donnons une interprétation active à la phrase ambiguë « X enseigne à Y que l'honnêteté est la meilleure des lignes de conduite » (la dissociant par le fait même de « X enseigne à Y que Colomb a découvert l'Amérique »), alors l'enseignement dont il est question ne peut être tenu pour une réussite à moins que Y n'ait intériorisé la norme de l'honnêteté. Il s'ensuit que si l'éducation morale est couronnée de succès, l'élève met en œuvre la norme de l'honnêteté dans sa propre conduite. Ceci revient à dire que la conduite vertueuse est automatiquement assurée par le succès de l'enseignement moral.

Toutefois, dans la mesure où ce conflit entre différentes vues résulte de divergences d'interprétation d'une notion ambiguë, il est erroné de penser que ces vues soient réellement en conflit. Chacune des vues reconnaît les cas effectifs reconnus par l'autre mais les décrit différemment. Cependant, parler en langage différent n'est pas forcément être en désaccord. Le problème crucial est celui que soulève le cas dans lequel Y démontre qu'on lui a enseigné avec succès (en un sens non actif) que l'honnêteté est la meilleure des lignes de conduite et qui néanmoins agit de façon incompatible avec la norme de l'honnêteté. Les vues précédentes ne sont pas en désaccord sur ce point. Chacune d'entre elles ménage la possibilité d'un tel cas et accorde qu'il peut bel et bien se produire. Une vue le décrira toutefois en disant qu'on a enseigné à Y avec succès que l'honnêteté est la meilleure des lignes de conduite et qu'en dépit de cela il n'agit pas en accord avec la norme, alors que l'autre le décrira en disant que, si Y ne peut être dit agir en accord avec la norme, on ne peut pas davantage dire qu'elle lui a été enseignée avec succès. Pour le dire dans des termes plus traditionnels, l'une et l'autre vue admettent que l'appréhension intellectuelle des principes moraux et leur reconnaissance intellectuelle peut aller de paire avec le rejet de tels principes dans le cours même de la conduite, mais une des vues décrit cela comme un échec de l'enseignement alors que l'autre le décrira comme une faiblesse de la volonté.

Si la présente analyse est correcte, et étant donné que ces vues ne s'opposent pas en ce qui concerne les cas effectifs, aucune n'est supérieure à l'autre dès lors que les cas en question sont en cause. Chacune procure une manière de décrire les faits avec précision. Le seul problème sérieux (et il est considérable) apparaît lorsqu'on passe d'une vue à l'autre en cours de route. Illustrons les conséquences d'un tel changement.

Commençons par exemple par la vue selon laquelle l'acquisition de la vertu est indispensable au succès de l'enseignement moral, autrement dit nous souscrivons aux interprétations actives des phrases dotées d'une composante normative. Ensuite nous décidons, dans nos écoles, d'enseigner aux enfants que l'honnêteté est la meilleure ligne de conduite, c'est-à-dire de leur faire acquérir cette norme. Nous pouvons, en conséquence, mettre en œuvre des méthodes d'exhortation et de discussion, dans le but de développer la conduite normée appropriée. Il se peut qu'ayant fini notre enseignement nous ayons quelque difficulté à décider si nous avons réussi ou non. Car, pour en décider, il nous faudrait pouvoir dire comment les élèves, de manière générale, se comportent vraiment dans des situations où il semble pertinent de faire intervenir la norme de l'honnêteté. Nous sommes tentés, en face d'une telle difficulté, d'abandonner l'interprétation active des phrases où intervient le verbe « enseigner », de telle sorte qu'il devienne possible d'assimiler le test portant sur l'apprentissage de « l'honnêteté est la meilleure ligne de conduite » à celui portant sur l'apprentissage de « Colomb a découvert l'Amérique », l'un et l'autre entrant alors dans la même rubrique au sein du répertoire d'acquisitions de l'élève. Si nous succombons à cette tentation, nous procéderons par le moyen d'interrogation et par celui d'autres techniques verbales pour établir que, selon l'interprétation non active d'enseigner, nous avons en fait réussi. Ensuite (plus ou moins consciemment) il se peut que nous revenions à l'interprétation active et affirmions, sans plus de preuve, que nous avons stimulé le comportement honnête et qu'il est désormais assuré. Car comment se pourrait-il qu'on ait enseigné à quelqu'un ce qui est bien et qu'il le rejette volontairement ?

Nous occultons alors le fait que l'évidence rhétorique de cette question est le fruit de l'interprétation active, laquelle envisage d'abord la conduite appropriée. Le danger sur le plan pratique est ici de voir se produire une confusion entre l'exhortation et les tests verbaux d'une part et le développement effectif de la conduite morale d'autre part.

Poursuivons maintenant la comparaison entre les phrases A et B. Nous avons vu précédemment que le fait que X réussisse à dire à Y que tel est le cas n'implique pas l'apprentissage par Y que tel est le cas. Aussi X peut-il réussir à dire à Y que Colomb a découvert l'Amérique sans réussir à lui enseigner que Colomb a découvert l'Amérique. Nous exprimerons brièvement ce fait en disant que A n'implique pas B. (On suppose évidemment que dans chaque comparaison de deux formes de phrases, les deux énoncés venant remplir le blanc doivent être considérés comme identiques, les deux « X » comme désignant la même personne, de même que les deux « Y ».)

Est-il cependant vrai que B implique A ? Si, par exemple, X réussit à enseigner à Y que Colomb a découvert l'Amérique, doit-on en inférer qu'il a réussi à lui dire que Colomb a découvert l'Amérique ? Beaucoup ont semblé souscrire à cette vue, semblant par là assimiler une bonne partie du contenu de l'apprentissage de Y à un ensemble de faits ou d'idées imprimés dans son esprit par le maître, au travers de la parole. L'apprentissage des faits a ainsi été analysé comme une sorte de duplication par l'élève des assertions produites à l'origine par le maître [7].

Bien que beaucoup d'exemples d'enseignement impliquent effectivement le dire, l'inférence générale de B à A semble dépourvue de justification. Supposons, par exemple, que le maître ne dise pas effectivement à l'élève que Colomb a découvert l'Amérique, mais que ce qu'il lui dit l'autorise seulement à l'inférer à partir d'autres assertions qu'il est supposé connaître. Supposons même que le maître ne dise à l'étudiant rien de cette sorte, mais s'arrange pour qu'il lise des textes qui disent ou impliquent que Colomb a découvert l'Amérique. Supposons, finalement, que les assertions auxquelles l'élève est confronté

7. En relation avec ce point, voyez par exemple K. Price,« On "having an education" », *Harvard Educational Review*, 28 : 320, automne 1958.

suggèrent simplement, sans l'impliquer, que Colomb a découvert l'Amérique. Devons-nous dans de tels cas supposer qu'il a enseigné que Colomb a découvert l'Amérique ? Il y a sûrement beaucoup de cas dans lesquels nous attribuons à quelqu'un le fait d'avoir enseigné avec succès, alors même qu'il n'a jamais dit à l'élève ce qui est supposé lui avoir été enseigné avec succès. Aussi B ne peut-il être dit impliquer A. Dire que X a dit à Y que tel est tel, cela revient en gros à dire quelque chose sur les énoncés effectivement prononcés par X ; cela revient à rapporter certains d'entre eux dans un discours indirect. Dire, d'un autre côté, que X a enseigné à Y que le tel est tel, cela ne revient pas à rapporter ce que X a pu dire, même indirectement.

Nous avons noté que A n'implique pas B dans la mesure où, pour le dire d'un mot, B implique qu'un apprentissage se soit fait pour qu'on puisse parler de succès, alors que ce n'est pas le cas pour A. L'importance de ce point consiste en ce qu'existent des cas dans lesquels l'apprentissage ne s'effectue pas, l'enseignement ne connaît aucune réussite, et à propos desquels néanmoins on peut dire que le maître a réussi à dire. Il ne faut cependant pas penser que si l'apprentissage marche et qu'on réussit à dire, alors l'enseignement réussit également. L'exemple suivant, qui illustre le contraire, fournit une raison supplémentaire de nier que A implique B. Imaginons que Jones soit un 3 juin dans la salle d'attente d'un médecin. Après un certain laps de temps, l'infirmière sort pour lui dire que le docteur pense qu'il serait prudent de sauter le traitement prévu pour le jour même. Supposons qu'elle réussisse bel et bien à lui dire cela. Supposons de surcroît que Jones ne se contente pas d'entendre, mais apprenne ce qu'on veut lui dire et le retienne vingt années durant. (Il doit y avoir de profondes raisons, liées à la psychologie de Jones, susceptibles d'expliquer cela.) Il n'est pas invraisemblable qu'en pareil cas nous refusions de décrire la situation en disant que l'infirmière a appris à Jones que le docteur considérait comme prudent de s'abstenir de traitement le 3 juin, même si nous voulons résolument signifier qu'elle lui a dit que le docteur considérait comme prudent de s'abstenir de traitement le 3 juin. Bien que Jones ici ait bel et bien appris quelque chose, on ne peut pas dire que l'infirmière cherchait à le lui apprendre. Elle lui disait en vérité une chose visant à le faire quitter le cabinet. L'apprentissage qui s'est effectué n'était en rien le signe d'un enseignement réussi, parce qu'il n'est intervenu là aucun enseignement au sens où on l'entend normalement. (Il est, de façon générale, important de noter que ce qui est dit par X sans intention aucune d'induire un apprentissage chez Y, peut néanmoins conduire à un apprentissage chez celui-ci.)

Si nous nous tournons maintenant, à l'issue de cette longue discussion, vers l'examen des schémas C (dire de...) et D (apprendre à...), nous pouvons voir qu'existent des analogies importantes, et des divergences tout aussi importantes avec les schémas A et B. Les relations d'implication entre C et D sont les mêmes que celles entre A et B : l'implication fait défaut dans les deux sens. Aussi, quelqu'un peut-il réussir à dire à quelqu'un d'autre d'être honnête sans lui apprendre à être honnête. En conséquence, dans les cas où l'apprentissage de l'honnêteté ne se fait pas, il se peut qu'on ait réussi à dire, mais on n'a pas réussi à enseigner. Autrement dit, C n'implique pas D. Il y a de surcroît des cas dans lesquels les enfants peuvent voir l'honnêteté leur être enseignée avec succès sans qu'on leur ait jamais dit d'être honnêtes, tout comme il existe un certain nombre de cas similaires dans lesquels on apprend aux gens à être prévenants, serviables, ou amicaux envers les autres sans que jamais il leur ait été dit d'être prévenants, serviables ou amicaux envers les autres. Si on hésite sur ces cas, tout le monde sera en revanche d'accord pour dire que certaines personnes peuvent voir l'amour de la musique leur être enseigné sans que jamais il leur ait été dit d'aimer la musique. N'importe lequel de ces cas suffit à montrer que D n'implique pas C.

Pouvons-nous construire maintenant un exemple concernant C et D et qui serait parallèle à celui du traitement médical annulé de Jones pour montrer de quelle façon le fait de dire une chose en vue d'un but immédiat (qui ne serait pas de l'enseigner) peut avoir pour résultat que Jones apprenne cette chose sans qu'elle lui ait été à proprement parler enseignée ? Une tentative en ce sens permet de mettre en lumière d'intéressantes divergences par rapport aux schémas A et B.

Imaginons que Jones soit en train d'attendre chez un dentiste et que l'infirmière réussisse à lui dire d'entrer dans le cabinet. Nous aurions peine à dire qu'elle lui a appris à entrer dans le cabinet, bien qu'elle ait réussi à lui dire de le faire. Mais, à la différence de l'exemple précédent, nous ne pouvons pas davantage supposer que Jones apprenne à entrer dans le cabinet. Dire que Jones apprend à entrer dans le cabinet implique normalement que plusieurs occasions sont en cause, autrement dit, revient à suggérer qu'une clause de temps (« à chaque fois ») est tacitement admise. Mais les termes de notre exemple excluent une telle implication dans le cas présent. L'infirmière dit à Jones d'entrer dans le cabinet au moment où elle parle, et aucune clause « à chaque fois » n'intervient. Jones l'écoute ou ne l'écoute pas, mais il n'apprend pas à entrer à cette occasion singulière dans le cabinet. (Corrélativement, on ne peut dire qu'on lui a appris à entrer dans le bureau en cette occasion singulière.) Une certaine généralité est normalement requise en ce qui concerne les occasions d'agir lorsqu'on est en présence de phrases de la forme « apprendre à » (*to teach to*) ou de la forme « apprendre à » (*to learn to*), mais il n'en va pas de même pour les formes « enseigner que » et « apprendre que », ni en ce qui concerne le verbe dire.

Quelques exemples supplémentaires illustrant cette exigence de généralité ne seront pas de trop. Dans chacun des cas qui suivent, les circonstances ont pour effet de retirer sa vraisemblance à la clause « à chaque fois », supprimant ce faisant la généralité en question. « Dire de » reste utilisable alors qu'« apprendre à » (*to teach to*) et « apprendre à » (*to learn to*) ne le sont plus. Considérons d'abord la phrase : « Elle lui dit d'ouvrir la fenêtre car il commençait à faire chaud dans la pièce. » Sa demande doit être mise en rapport avec une température momentanée ; elle n'est pas en train de lui dire qu'il convient d'ouvrir la fenêtre à chaque fois qu'il commence à faire chaud dans la pièce, elle n'est pas davantage en train de lui dire qu'il faut toujours ouvrir la fenêtre. Elle veut plutôt qu'il ouvre la fenêtre maintenant. À la suite de cela, il peut ouvrir ou ne pas ouvrir la fenêtre, mais nous ne dirions pas : « Il a appris à ouvrir la fenêtre (ici et maintenant) car il se mettait à faire chaud dans la pièce » ni non plus « Elle lui apprit à ouvrir la fenêtre, car il se mettait à faire chaud dans la pièce ».

Considérons pour finir la phrase « il leur dit d'attendre durant quinze minutes », dite à propos d'un homme ayant laissé ses amis pour aller faire une course sans savoir si elle durera plus de quinze minutes et retardera leur voyage ou non. Il leur dit de l'attendre durant seulement quinze minutes et de continuer sans lui s'il n'est pas de retour. Il n'y a pas, dans ce cas non plus, intervention de la clause « à chaque fois ». Il ne leur dit pas de l'attendre toujours quinze minutes (quelle que soit l'occasion qui se présente), ni de le faire dans des circonstances déterminées. Il veut simplement que cette fois-ci ils attendent quinze minutes. Nous ne pouvons pas dire, quoi qu'ils fassent, « ils ont appris à attendre quinze minutes (dans cette occasion précise) » ou « il leur a appris à attendre quinze minutes ».

Dans ces exemples, « dire » est parfaitement approprié mais ni « apprendre à » (*teach to*) ni « apprendre à » (*learn to*) ne sont à leur place. Dire que X a dit à Y de… (comme on l'a noté précédemment à propos d'« enseigner que ») revient à rapporter indirectement le propos de X ; peu importe que X ait dit ceci ou cela, que son propos soit particulier ou de portée générale, une telle mention du propos de X est toujours réalisable. Dire, en revanche, que X a appris à Y à… ou que Y a appris à… ce n'est en rien rapporter le propos particulier de X ; on renseigne plutôt l'auditeur sur les « formes d'action » de Y, lesquelles sont impliquées dans bien plus qu'une action singulière. Cela revient à énoncer quelque chose sur ce qu'on peut attendre de Y dans d'autres occasions si ce qui a été appris n'est pas perdu. S'il a appris à se mettre debout à chaque fois qu'une femme entre dans la pièce, on peut espérer qu'il se mettra debout si cette circonstance se présente à nouveau (sauf si on suppose qu'il a oublié ce qu'il a appris pour des raisons par ailleurs explicables). Aussi, la généralité des phrases de la forme « apprendre à » (*teach to*) et « apprendre à » (*learn to*) n'a-t-elle pas son équivalent dans les phrases du type B ; les phrases comportant « enseigner que… » sont ainsi faites que l'énoncé qui vient remplir le blanc ne se réfère pas toujours à ce qu'on pourrait espérer de Y. Par exemple, « Y a appris que Colomb a découvert l'Amérique » ne dit pas qu'on pourrait espérer de Y qu'il découvre purement et simplement l'Amérique ; ainsi n'y a-t-il aucune place laissée à une spécification générale des conditions d'une telle découverte.

Il est facile de concocter un exemple comme celui de l'annulation du traitement de Jones, exemple dans lequel figure « apprendre que… », bien que l'énoncé venant remplir le blanc soit spécifique et que cet énoncé soit proféré à l'adresse de Jones uniquement afin de réaliser un but particulier en une occasion particulière. Lorsque nous cherchons à construire un exemple similaire pour « apprendre à » (*learning to*), nous nous trouvons bloqués par l'exigence de généralité que nous avons discutée. Pouvons-nous toutefois trouver une autre sorte de parallèle avec le cas du traitement annulé ? Essayons d'abord de satisfaire à l'exigence de généralité, de manière à ce que nous puissions dire de Jones qu'il a appris à… Ensuite, essayons de trouver une circonstance dans laquelle on lui dit la même chose, mais sans qu'on veuille lui faire effectuer un apprentissage. Alors nous ne serons pas en présence d'un enseignement, lors même que nous aurons un apprentissage ; en bref, nous aurons le parallèle désiré.

La difficulté est de satisfaire à toutes ces exigences simultanément. Si nous parvenons à satisfaire à l'exigence de généralité (par exemple, Jones apprend à entrer dans le cabinet du docteur à chaque fois que la lumière rouge au-dessus de la porte s'allume) se pose alors le problème de savoir comment l'infirmière a pu lui avoir dit cela sans avoir l'intention de lui apprendre qu'il faut entrer dans le cabinet à chaque fois que la lumière clignote au-dessus la porte. Si elle le lui a dit, c'est qu'elle voulait vraisemblablement qu'il suive ses instructions, mais suivre des instructions générales, cela revient précisément à apprendre quoi faire dans des occasions particulières. Si cet argument est bel et bien correct, alors il faut en conclure qu'un exemple parallèle ne peut définitivement pas être construit pour C et D. La validité de cet argument est de surcroît suggérée par le fait que, dans le cas que nous venons d'examiner, on peut raisonnablement dire de Jones que l'infirmière lui a appris à entrer dans le cabinet du médecin à chaque fois que la lumière rouge s'allume.

Ainsi sommes-nous parvenus à un certain nombre de faits importants concernant C et D, en particulier en relation avec ce que l'on a appelé la « condition de généralité ». Les énoncés venant remplir les blancs à la fois en C et en D sont impératifs quant à leur forme grammaticale ; les phrases impératives varient cependant quant à leur degré de généralité. La phrase « Restez ici quinze minutes ! » appelle une action singulière en une occasion singulière, celle où elle a été proférée. Aucun apprentissage n'est cependant impliqué, tant qu'aucune forme générale d'action applicable à des circonstances susceptibles de se répéter n'est appréhendée ; et là où aucun apprentissage n'est impliqué (même de façon théorique) aucun enseignement ne peut l'être non plus. Les phrases de la forme C n'ayant aucune relation avec l'apprentissage, que ce soit en tant que but ou en tant que condition de réussite, peuvent recevoir des impératifs généraux aussi bien que non généraux à la place des blancs, alors que les phrases de la forme D, qui impliquent clairement un apprentissage dans les deux sens ne s'accommodent que des impératifs généraux. La généralité, bien évidemment, n'a pas besoin d'être explicite mais demande simplement à être comprise. Aussi dans « X a appris à Y à être honnête », chacun comprend que l'impératif est ici général et même universel : « Sois toujours honnête. » Dans d'autres cas, le contexte peut faire apparaître que l'impératif, quoique non universel est néanmoins général ; par exemple : « Sa mère lui a appris à dire "merci" » peut être interprété comme signifiant « sa mère lui a dit de dire « merci » à chaque fois qu'on lui donne quelque chose ».

À la lumière des différents exemples que nous avons examinés, on peut dire qu'« apprendre à » implique des règles[8], plutôt que des ordres spécifiques et que la confusion que l'on fait souvent entre les deux (qui tient à ce que les uns et les autres sont grammaticalement exprimables sous une forme impérative) est une erreur. Les ordres spécifiques sont limités à une situation singulière. Bien qu'il puisse en donner durant la période d'enseignement, le but du maître n'est pas simplement de s'assurer que la conduite de l'élève est conforme au moment singulier où l'ordre est énoncé. Il veut que l'élève s'approprie des « formes d'action » qu'il conservera bien au-delà de la phase d'enseignement, au point de rendre, par leur stabilité, inutiles (quoique concevables) les ordres spécifiques continûment proférés. Il y a un monde entre ces « formes d'action » et la simple conformité à des ordres spécifiques, entre le développement de ces « formes » et le fait de donner de tels ordres.

Nous avons comparé B à A et D à C en ce qui concerne l'implication, comme nous l'avons expliqué plus haut ; nous

8. Pour une analyse différente, quoique voisine du rôle des règles dans l'enseignement, voyez R. M. Hare, *The language of morals*, Oxford, Clarendon Press, 1952, p. 56.

allons maintenant nous livrer à une comparaison croisée des schémas B et D. B n'implique à l'évidence pas D, pas plus que D n'implique B, dans la mesure où l'éventail des énoncés susceptibles de remplir le blanc en B est différent de ce qu'il est en D, ceci constituant un fait grammatical. « X enseigne à Y que Colomb a découvert l'Amérique » devient « X apprend à Y à Colomb a découvert l'Amérique », si nous passons de B a D en conservant l'énoncé qui remplissait le blanc en B. D'un autre côté, en passant de D à B en conservant l'énoncé qui remplissait le blanc en D nous obtenons « X a appris à Y à être toujours courtois » et « X apprend à Y que être toujours courtois ». Le second membre de chacune de ces paires est non grammatical et le reste même si « X apprend… » est remplacé par « X a réussi à apprendre… ». Le premier membre de chaque paire n'est pas non grammatical et est, de surcroît, souvent vrai. Qui plus est, l'énoncé résultant du remplacement de « X enseigne » par « X a réussi à enseigner » dans le premier membre de chaque paire est de même souvent vrai. Aussi (pour le dire grossièrement), la réussite en B ou D n'implique pas la réussite en ce qui concerne les autres là où, comme toujours, les mêmes énoncés sont chargés de remplir les blancs. Des considérations analogues valent pour A et C.

Néanmoins, il y a un point intéressant à relever ici, par le biais d'une comparaison croisée. Nous avons vu que les énoncés B comportant un élément normatif étaient ambigus et qu'avec une interprétation active, le succès de l'enseignement impliquait une acquisition appropriée de la norme. Dans certains cas, une telle acquisition de norme est exprimée par une phrase de la forme D. Considérons par exemple la phrase « X enseigne à Y que quelqu'un doit être honnête » dans son interprétation active, selon laquelle le succès requiert l'acquisition de la norme, l'apprentissage de l'honnêteté. Dans un tel cas, nous pouvons tout à fait dire qu'enseigner à Y que l'on doit être honnête revient à lui apprendre à être honnête. L'implication n'est pas ici de la sorte que nous avons discutée jusqu'à présent, dans la mesure où les énoncés remplissant les blancs sont différents et où la spécification de l'ensemble de phrases du type B pour lesquelles l'implication fonctionne est un problème que nous n'avons pas abordé ici. Ce sont ses retombées pour l'éducation morale qui justifient qu'au point où nous en sommes nous nous attardions sur cette implication. À cette fin, il convient que nous examinions quelques exemples, semblables à ceux sur lesquels nous nous sommes penchés plus haut, tels que « X enseigne à Y qu'il faut payer ses dettes » et « X apprend à Y à payer ses dettes ».

Il est intéressant pour l'éducation morale de savoir si l'implication contraire fonctionne dans de tels exemples. Est-ce qu'apprendre à quelqu'un à être honnête implique qu'on enseigne à quelqu'un qu'on doit être honnête ? (dans les deux cas, évidemment, on retient l'interprétation active d'« enseigner que »). Peut-on réussir à apprendre Y à être honnête sans réussir à lui enseigner que l'on doit être honnête ? Peut-il apprendre à payer ses dettes sans apprendre que quelqu'un doit payer ses dettes ? Ces deux dernières questions sont cruciales et semblent appeler, après réflexion, des réponses affirmatives. Il y a des gens qui ont en fait appris par eux-mêmes à être honnêtes, mais qui n'ont jamais appris que quelqu'un devait être honnête, n'ont jamais cru cela et ont même cru le contraire. Il y a des gens qui ont appris à payer leurs dettes, mais qui n'ont jamais cru que quelqu'un devait payer ses dettes. Apprendre à être honnête revient à acquérir une certaine norme, une « forme d'action ». La croyance n'est pas impliquée là-dedans. La notion de croyance n'est même pas applicable. On apprend à être honnête mais personne ne croit être honnête [9]. Par contraste, apprendre que Colomb a découvert l'Amérique consiste (quoi que cela implique d'autre) à en venir à croire que Colomb a découvert l'Amérique. Semblablement, apprendre qu'on doit être honnête consiste à en venir à croire que l'on doit être honnête (quoi que cela puisse impliquer d'autre : dans le cas présent, cela implique, à tout le moins, l'acquisition d'une norme). Enseigner à quelqu'un qu'on doit être honnête implique donc qu'on lui enseigne non point simplement à être honnête (même dans l'interprétation active), mais aussi qu'on tente de lui faire acquérir la croyance que l'on doit être honnête (et cette croyance doit être acquise d'une façon qui ne transgresse pas les restrictions s'appliquant au concept d'enseignement et que nous avons discutées

9. Voyez I. Scheffler, « Comment », *Harvard Educational Review*, 28 : 337, automne 1958.

plus haut). Les phrases de la forme B peuvent être dites, en opposition à celles de la forme D, ne jamais se rapporter à la seule acquisition de la norme, mais aussi à une croyance dans la norme, à une reconnaissance intellectuelle de son autorité. Dire à Y que quelqu'un doit être honnête, ce n'est donc pas simplement essayer de le rendre honnête, c'est aussi essayer de le rendre honnête par conviction.

La distinction discutée ici est d'une importance toute particulière pour l'éducation morale. Il y a des sortes de conduites ou des « formes d'action » dont nous voulons qu'elles soient acquises par les enfants, et à propos desquelles nous ne nous inquiétons pas beaucoup de savoir à quelles raisons ils souscrivent en les adoptant, ni même s'ils souscrivent à quelque raison que ce soit. Il en va ainsi, par exemple, des formes élémentaires de la courtoisie. Il y a des sortes de conduites auxquelles nous adhérons sans la moindre hésitation, par intérêt personnel, par exemple les exercices de sécurité, en préparation à tel ou tel métier. D'un autre côté, la conduite morale, en un sens important du mot, n'est pas simplement un comportement s'accordant avec je ne sais quelle norme spécifiée par ailleurs, ce n'est pas davantage un comportement gouverné par quelque raison venant appuyer la norme. Sa justification doit être, en un certain sens, « objective », « impartiale », « désintéressée » dans la façon dont elle soutient la norme. Ce que cela signifie est notablement difficile à préciser, mais se trouve reflété dans la forme générale et impersonnelle du langage dans lequel s'exprime le jugement moral (exemple : « on doit »), forme qui sert à exprimer certaines raisons mais pas d'autres. Peut-être pouvons-nous dire que la raison de la conduite morale de quelqu'un doit être exprimable par l'intéressé dans le langage du jugement moral [10].

Un exemple suffira à illustrer ce point. Trois personnes peuvent toutes avoir appris à être honnêtes, mais cependant la première peut être honnête d'une façon irréfléchie parce qu'elle a été élevée dans un environnement protégé au sein duquel l'éventualité même d'agir malhonnêtement ne s'est jamais présentée ; la seconde peut être honnête parce qu'elle croit l'hon-

10. Un article important auquel mon traitement de ces questions et d'autres voisines doit beaucoup est celui de W. K. Franken, « Toward a philosophy of moral education », *Harvard Educational Review*, *op. cit.*

nêteté essentielle à la progression de sa carrière ou parce qu'elle considère qu'il est trop dur sur le plan émotionnel d'être malhonnête alors que la troisième peut être honnête parce qu'elle croit qu'on doit être honnête. Le comportement des deux premières est conforme à la norme de l'honnêteté, mais peut difficilement passer pour moral (même s'il n'est pas non plus immoral) dans le sens que nous avons précédemment évoqué.

Si la conduite morale est notre but dans le cadre de l'éducation morale, cela veut dire que nous nous efforçons de faire acquérir les normes d'une pratique déterminée, mais aussi de faire que l'adhésion réfléchie à ces normes se fasse d'une manière « objective » ou « impartiale ». Enseigner l'honnêteté comme s'il s'agissait d'une sorte de règle de sécurité ou d'une forme conventionnelle de courtoisie peut effectivement permettre de réaliser le premier objectif sans concourir en rien à la réussite du second. Il ne faut toutefois pas ignorer, d'un autre côté, qu'un effort sérieux pour accomplir le second objectif puisse être de nature à retarder et même à contrarier l'accomplissement du premier. (Encourager une critique réflexive et impartiale des normes peut conduire au rejet de nos normes.) Nous pouvons, en tant que maîtres, tenter de réaliser les deux buts en soumettant les normes elles-mêmes, qui, compte tenu du premier but, nous concernent, à un examen critique auquel le second but nous encourage.

Nous avons vu précédemment que C et D requièrent, pour combler les blancs, des énoncés impératifs, et que C constitue une relation indirecte du propos effectivement tenu par quelqu'un. Nous avons également vu que D n'implique pas C, que quelqu'un peut apprendre à quelqu'un d'autre à être honnête sans jamais lui avoir dit d'être honnête ou que quelqu'un peut avec succès apprendre à quelqu'un d'autre à aimer la musique, sans lui avoir dit d'aimer la musique. Nous devons remarquer maintenant que quelques-uns des impératifs admissibles en C induisent la suggestion que X s'est montré déraisonnable en disant ce qui est rapporté indirectement dans un énoncé de la forme C ; en revanche, leur insertion dans un contexte de la forme D ne suggère en rien que X puisse être déraisonnable.

Il est par exemple « déraisonnable », en un sens important, de dire à quelqu'un d'apprécier la musique, d'aimer Shakespeare, de comprendre le sort des pauvres, dans la mesure où les choses demandées dans de telles déclarations ne sont pas des choses que, normalement, quelqu'un décide de faire. Néanmoins, si quelqu'un dit bel et bien à Y « apprécie la musique ! », « aime Shakespeare ! », « comprend le sort des pauvres ! » son propos peut être rapporté dans une phrase de la forme C. La phrase C « X a dit à Y de comprendre les pauvres » est impeccable, se bornant à rapporter l'impératif utilisé par X, mais, quiconque croira la phrase C trouvera déraisonnable l'emploi d'un tel impératif. Les phrases D correspondantes, cependant, ne suggèrent en rien une quelconque déraison. (Comparons « X a appris à Y à apprécier la musique »… « à aimer Shakespeare »… « à comprendre le sort des pauvres… ».) Peut-être pouvons-nous dire qu'un tel exemple renforce la non-implication de D vers C. Car, non seulement certains cas d'enseignements réussis (tels qu'ils sont rapportés sous la forme D) ne correspondent pas à des choses dites avec succès (telles qu'elles sont rapportées sous la forme C), mais il y a des cas dans lesquels le fait de dire à Y de… suggérerait que X est déraisonnable. Non seulement il existe beaucoup de gens auxquels on a appris à aimer Bach et auxquels on n'a jamais dit d'aimer Bach, mais leur aurait-on dit de l'aimer que l'utilisateur de cet impératif eût été jugé déraisonnable.

L'indépendance d'« enseigner » par rapport à « dire » est soulignée par de tels exemples, à tout le moins pour les cas D et C. Apprendre à quelqu'un à apprécier Bach, à comprendre la théorie quantique, à prendre plaisir à un ballet, à sympathiser avec les laissés pour compte, ce sont là des activités bien différentes de celle qui consiste à lui dire l'une ou l'autre de ces choses. Il se peut en fait qu'on les lui dise, mais cet impératif sera jugé déraisonnable, alors que ce qualificatif ne s'applique pas à l'enseignement correspondant. L'enseignement procède ici non point en proférant des impératifs mais par divers autres moyens grâce auxquels l'appréciation, le plaisir, la compréhension naissent et se développent.

Nous venons de discuter des impératifs tenus pour déraisonnables dans la mesure où ils traitent de choses dont on ne peut décider. Il y a un sens voisin plus faible dans lequel les impératifs peuvent apparaître déraisonnables, mais non point dans le sens fort et absolu qui a déjà fait l'objet d'une discussion. Ce sens relativement déraisonnable est, qui plus est, particulièrement important pour ce qui touche à l'enseignement. Supposez que vous, en tant que maître, vous vous apprêtiez à donner à un garçon une liste de problèmes arithmétiques et que vous lui disiez : « Fais-les ! » On ne peut pas vous objecter que vous lui donnez à faire quelque chose qu'on ne peut décider de faire. Mais il se peut tout à fait que ce garçon particulier n'ait pas l'arrière-plan de compétences arithmétiques requis (il était malade lorsque la méthode appropriée à ces problèmes a été exposée et n'a jamais appris comment s'y prendre avec eux). Il ne peut sûrement pas décider de faire ce que vous lui avez demandé de faire. Ou imaginez l'impératif (qui serait à peine plus déraisonnable) « traduisez le passage qui est sous vos yeux en grec ! » adressé à un élève qui n'a encore jamais étudié le grec ! Il ne peut pas décider de faire ce que l'impératif exige de lui. Les deux impératifs de ces exemples sont déraisonnables en considération à la fois des personnes auxquels ils sont adressés et du moment où ils interviennent.

La relativité en fonction du temps est importante car, moyennant un apprentissage approprié, le garçon peut se montrer capable de faire face et l'élève précédemment incapable de traduire en grec un passage peut très bien se montrer à un moment ultérieur à la hauteur de la tâche. Aussi les impératifs qui ne sont pas absolument déraisonnables le restent malgré tout face à certains élèves et dans une conjoncture déterminée. Un enseignement approprié, lorsqu'il est couronné de succès, rend raisonnable tout un ensemble d'impératifs, lequel, face aux mêmes élèves, ne l'aurait pas été avant. Nous avons vu précédemment que pour des impératifs fortement déraisonnables intervenant dans des phrases du type D, l'enseignement procède normalement par des moyens divers et différents. Il apparaît maintenant que même là où un impératif n'est pas en tant que tel fortement déraisonnable, il peut s'avérer déraisonnable dans telle ou telle circonstance, auquel cas il convient d'enseigner d'abord comment (*to teach how*) de manière à ce qu'il devienne à terme raisonnable. Dire de (*to tell to*) est ici vu non comme une manière de, mais plutôt comme un produit de l'acte d'enseigner comment (*to teach how*) (néanmoins, il reste vrai que l'acte de dire de, appuyé sur un enseignement préalable susceptible de le rendre raisonnable, peut s'avérer être une aide dans le cadre de l'enseignement de choses nouvelles ou lorsqu'on cherche à raffermir des connaissances plus anciennes).

Nous avons, au cours de cette dernière discussion, vu l'importance, lorsqu'on a affaire à un impératif, de l'aptitude à décider de faire ce qu'il demande ; qui plus est, nous avons souligné la relation de dépendance qui existe, au moins dans certains cas, entre cette aptitude et l'apprentissage préalable portant sur la façon de procéder pour faire ce qui est demandé. La phrase de la forme F (*to teach how*) est ainsi reliée à celle de la forme C parce que lorsqu'on apprend avec succès comment faire à quelqu'un (ce que rapporte la forme F), cela peut rendre raisonnables certaines phrases de la forme C (*to tell to*). Ces phrases peuvent à leur tour apparaître comme des manières d'apprendre à quelqu'un à faire les mêmes choses, mais C, comme nous l'avons vu, n'implique pas D. Nous devons maintenant comparer systématiquement F avec les autres schémas et en particulier avec D.

Il est aisé de voir que E (dire comment) n'implique pas F (enseigner comment), pas plus que F n'implique E même si, lorsqu'on a affaire à des aptitudes complexes, dire comment est de plus en plus nécessaire à qui veut enseigner comment. Il est de surcroît évident que B n'implique pas F, pas plus que F n'implique B, dans la mesure où les énoncés destinés à remplir les blancs dans la forme F sont des impératifs alors que ceux qui remplissent la même besogne en B sont à l'indicatif. La comparaison qui importe doit ici être menée entre F et D, comme nous allons le voir en détail.

Nous devons au départ reconnaître que la forme D est fréquemment employée comme abréviation de la forme F. Apprendre à quelqu'un à faire des problèmes d'arithmétique revient, normalement à lui enseigner comment les faire ; apprendre à quelqu'un à nager revient normalement à lui enseigner comment nager. Nous ne nous intéressons pas ici à ces abréviations, et lorsque nous nous intéressons aux phrases de la forme D, nous nous intéressons précisément à celles qui ne peuvent être rendues par des phrases F équivalentes.

Peut-être, suggérera-t-on, n'y en a-t-il pas. Mais considérons par exemple « X apprend à Y à payer ses dettes ». Cette affirmation n'est pas (normalement) remplaçable par « X enseigne à Y comment payer ses dettes ». La première renvoie à la formation du caractère alors que la seconde peut faire référence à l'emploi approprié du carnet de chèques, aux mandats, etc. La considération de cet exemple montre, qui plus est, que s'il est parfois nécessaire d'enseigner à quelqu'un comment faire telle ou telle chose si on veut lui apprendre à le faire, ce n'est certainement pas là une condition suffisante. Beaucoup de gens, parfaitement à l'aise dans le maniement des carnets de chèques et dans celui d'autres instruments analogues pouvant servir à acquitter ses dettes ne paient néanmoins pas leurs dettes, n'ont pas acquis la norme de conduite qui consiste à payer ses dettes. F n'implique pas D et D n'implique pas davantage F. Car même si le fait de savoir comment payer ses dettes est essentiel à leur règlement, apprendre à Y qu'il doit les payer n'implique pas dans tous les cas de lui enseigner également comment les régler : il peut très bien le savoir d'avance.

F et D sont distincts, avons-nous dit. Par commodité, nous pouvons dire grossièrement que la forme D porte sur les normes et leur acquisition, alors que la forme F porte plutôt sur les aptitudes et leur acquisition. Bien souvent les deux sont confondues lorsque l'on discute des sujets touchant le curriculum. Par exemple, nous parlons de « citoyenneté » comme s'il s'agissait d'un ensemble d'aptitudes alors que notre objectif éducatif est, en vérité, non pas simplement d'apprendre aux élèves comment être de bons citoyens ; mais tout particulièrement de leur apprendre à être de bons citoyens, non pas simplement de leur apprendre comment s'y prendre pour voter mais de leur apprendre à voter. Nous parlons de leur inculquer « les aptitudes requises par la vie démocratique », alors que notre souci réel est de leur faire acquérir les usages, les normes et les tendances démocratiques. Pour prendre un autre exemple, nous parlons de donner aux élèves « l'aptitude à penser de façon critique » alors que ce que nous voulons vraiment est qu'ils acquièrent les habitudes et les normes de la pensée critique.

Peut-être une des raisons de l'assimilation de l'acquisition des normes à celle des aptitudes est-elle que les aptitudes sont, en un sens important, moralement neutre, alors que les normes ne le sont pas ; les aptitudes demandent une décision supplémentaire pour être exercées, alors que les normes constituent les structures mêmes de la décision. Étendre le domaine des aptitudes revient en effet à réduire la portée de la responsabilité morale du maître. Une telle responsabilité ne peut, cependant, être évacuée par le biais d'un simple changement de nom ; cela permet seulement de la soustraire à la vue. L'inculcation des habitudes, des normes et des tendances est présente dans toute la pratique éducative, laquelle ne peut, pour cette raison même être tenue pour une simple affaire d'aptitudes. N'en déplaise à Ryle, enseigner ce n'est pas seulement équiper de façon délibérée [11].

Les exemples qui viennent d'être examinés illustrent l'usage pratique des schémas dans la clarification des discussions sur les curricula. Il y a d'autres usages que nous illustrerons plus loin. Tout tourne autour de la traduction de discussions abstraites sur les curricula dans une forme spécifique ou une autre représentée par nos schémas. Nous pouvons commencer par évoquer la tentative de désintellectualisation des aptitudes par Ryle qui vise à montrer que lorsqu'une performance manifeste une aptitude, elle s'explique par une référence explicite à des règles ou à une information [12]. Savoir comment nager ne consiste pas à avoir mémorisé nombre d'informations sur la nage, ni à retenir des règles de la nage que l'on consulte pendant qu'on nage. L'information et les règles peuvent aider à démarrer l'acquisition d'une aptitude, mais l'exercice d'une aptitude ne doit pas pour cela être identifié à une référence continuelle à une information et à des règles. En bref, le *knowing how* est autre chose que le *knowing that*. En présentant les choses ainsi, on s'aperçoit que Ryle tente d'établir une frontière entre les formes B et F. En ayant nos schémas sous les yeux et en essayant d'y replacer les discussions abstraites sur l'enseignement et les curricula, on doit vraisemblablement faciliter l'évitement des erreurs auxquelles Ryle s'attaque.

11. G. Ryle, *op. cit.*, p. 310, repris dans I. Scheffler, *Philosophy and Education*, *op. cit.* p. 133. Ce qui se trouve être en jeu ici, me semble-t-il, ce n'est pas de savoir si l'inculcation des normes doit se faire, mais plutôt de déterminer quelles normes doivent être inculquées et de quelle façon ; est-ce que, par exemple, nos normes doivent être restrictives ou généreuses, autoritaires ou démocratique, est-ce qu'elles doivent être dogmatiquement imposées par nos institutions ou est-ce qu'elles doivent être expliquées et soumises au jugement indépendant du public sur des points cruciaux durant la période d'enseignement considérée ? Voyez R. B. Perry, « Education and science of education », *in Realms of Values*, Cambridge, Harvard UP, 1954, repris dans I. Scheffler, *Philosophy and Education*, *op. cit.* p. 15.
12. G. Ryle, *op. cit.*, chap. 2, repris dans I. Scheffler, *Philosophy and Education*, *op. cit.*, p. 92.

Dans la discussion des buts en matière de curriculum, rien n'est plus facile et, en même temps, plus trompeur que d'accoler une seule et même étiquette abstraite à tout un domaine. La traduction de telles discussions abstraites dans les formes particulières des schémas pose fréquemment des questions touchant des choix de curriculum, questions qui autrement resteraient cachées. Par exemple, nous considérons souvent « la science » comme un élément du curriculum et procédons à la discussion de son rôle et de son poids relatif. Supposons que nous ayons à traduire nos idées dans les formes B, F et D. Nous serions alors forcés de clarifier nos buts pour ce qui touche à cet élément. Allons-nous essayer d'enseigner que la science est telle et telle, qu'elle nous apprend ceci ou cela à propos du monde ? Allons-nous plutôt essayer d'abord d'enseigner comment penser scientifiquement ? Ou allons-nous essayer vraiment d'apprendre à nos élèves à être scientifiques dans leur pensée et leur approche des problèmes ? On ne veut pas suggérer ici qu'une question et une seule doit recevoir une réponse positive. Soulignons simplement que les schémas forcent à dégager de telles questions et commandent ensuite indirectement les valeurs et les choix techniques requis pour y répondre.

Pour prendre un exemple proche, « religion » est souvent considéré comme un élément du curriculum et une discussion de principe fait rage autour de la question de savoir quelle est la place d'un tel élément. Mais l'expression « enseignement religieux » est ambiguë. Si nous l'interprétons selon le schéma B (avec des énoncés factuels), nous considérons que X enseigne à Y que la religion est ceci ou cela, qu'en gros il donne une information se rapportant à la religion comme à un ensemble d'institutions historiques, de doctrines et d'attitudes. Si nous lisons la même expression selon le schéma D, nous considérons cette fois que X apprend à Y à être religieux, ce qui est complètement différent[13]. Il est évident que l'on peut préférer « l'enseignement de la religion » dans un sens plutôt que dans l'autre et s'opposer de manière conséquente à l'autre sens. Pour être clair, les débats touchant la religion dans le curriculum réclament une clarté élémentaire en ce qui concerne la construction qui doit être associée à l'expression « l'enseigne-

13. M. White, « Religion, politics and higher learning », *Confluence*, 3 : 402, 1954, repris dans *Philosophy and Education*, *op. cit.*, p. 244 et dans M. White, *Religion, Politics and the Higher Learning*, *op. cit.*

ment de la religion ». En somme, les schémas qui formaient la base des discussions du présent chapitre ont été conçus pour focaliser l'analyse de l'idée d'enseignement et pour clarifier les discussions portant sur le curriculum.

Un dernier mot

Un terme peut être mis aux discussions précédentes, mais il n'est pas question d'en mettre un aux problèmes philosophiques qu'elles traitent. Car les tâches de clarification philosophique, comme celles de l'investigation scientifique, sont sans fin. Vouloir achever une entreprise de l'une ou l'autre sorte, c'est être immédiatement confronté à toute une variété d'entreprises apparentées qui réclament aussitôt l'attention. Nous pouvons simplement, au point où nous en sommes, prendre note du travail accompli ici et tenter de le replacer dans son contexte, en en mettant en évidence le cadre général, et en le reliant à des questions qui réclament un traitement plus poussé.

Dans la première partie de cette étude, nous avons tenté d'analyser la force logique de trois sortes de phrases récurrentes dans le discours éducatif. Nous avons discuté de différentes sortes de définitions, nous nous sommes intéressés aux slogans éducatifs et nous avons examiné un certain nombre de métaphores répandues de l'enseignement. Dans chaque cas, nous avons développé un certain nombre de manières générales de traiter les phrases concernées. Ainsi par exemple avons-nous distingué les définitions stipulatives, descriptives et programmatiques, suggéré qu'il fallait examiner de manière indépendante le but pratique des slogans, et indiqué que la comparaison de métaphores alternatives était un moyen de déterminer leurs limitations en même temps que leur objet commun.

Ce faisant, nous avons souligné l'importance du contexte dans la détermination des critères pertinents d'évaluation logique en nous référant spécialement aux débats éducatifs qui traversent les sphères scientifiques, pratiques et éthiques de l'action humaine. Nous avons par conséquent mis en garde, par exemple, contre la transposition sans critique de métaphores empruntées au contexte scientifique dans le contexte pratique, et souligné la possibilité de changer l'évaluation morale des incidences pratiques des slogans en fonction du changement de situation sociale. Par conséquent aussi, nous avons indiqué que faire d'une définition scientifique un usage pratique ne dispense pas de faire du programme en question une évaluation morale, mais rend bien plutôt cette évaluation urgente.

De manière générale, nous avons insisté de façon répétée sur l'importance qu'il y a à distinguer les questions pratiques et morales d'autres questions avec lesquelles elles sont souvent confondues. Sur ce point, nous avons par exemple distingué les questions portant sur le fait de savoir si une définition est adaptée, ou décrit correctement l'usage, de celles portant sur la viabilité du programme qu'elles peuvent véhiculer. Dans cette perspective également, nous avons défendu l'idée que les critiques des slogans considérés comme des doctrines littérales et les critiques des doctrines littérales qui leur sont apparentées devaient être complétées par une évaluation indépendante de leur but pratique et des mouvements qui, dans le domaine de la pratique, leur sont associés.

Notre but principal dans la première partie de ce livre était de présenter des stratégies générales pour l'évaluation des définitions, des slogans et des métaphores, et de développer les catégories et les distinctions susceptibles de faciliter cette évaluation. En essayant de réaliser ce but, nous avons insisté sur une variété d'exemples particuliers, disséquant ces spécimens non point tant pour eux-mêmes que pour acquérir une certaine compréhension de l'anatomie logique de l'espèce, et ce, bien que certains de ces spécimens (comme la métaphore « organique » et les différentes définitions de « curriculum ») aient un intérêt éducatif direct.

Il est en conséquence clair que ce qui a été fait dans ces premiers chapitres conduit à une diversité de questions particulières tournées vers l'étude intensive d'autres spécimens de types voisins. Les catégories et les stratégies générales présentées ici ont, autrement dit, besoin d'être appliquées dans des cas exemplaires ; peut-être est-il préférable de les voir comme des hypothèses dirigeant nos analyses et nos critiques face à de tels cas. En tant qu'hypothèses, elles ne prétendent pas être définitives ; elles sont susceptibles d'être améliorées et révisées au cours de leur application à des exemples ultérieurs. Néanmoins, comme dans le cas des autres hypothèses, elles organisent notre traitement de tels cas, nous assurant une première prise sur ce nouveau matériau. Dans la mesure où elles facilitent l'analyse critique de ce matériau, elles servent le but dans lequel elles ont été conçues, même si elles ouvrent la voie à des outils plus détaillés et plus précis qui viendront ensuite. Ce que l'on peut cependant parfaitement entreprendre dès aujourd'hui avec leur aide, c'est l'analyse en profondeur d'ensembles spécifiques de définitions, slogans et métaphores manifestes dans les débats touchant l'éducation ; on peut aussi étendre de telles analyses à d'autres sortes de discours en éducation. On peut espérer que de telles analyses parviendront non seulement à clarifier des enjeux urgents de politique éducative, mais aussi des assertions fondamentales figurant dans les théories éducatives.

Il est clair que nous n'avons pas en notre possession un moyen immédiatement disponible permettant d'établir la liste de ces enjeux et de ces assertions. Nous pouvons néanmoins évoquer à titre d'illustration quelques problèmes : (a) les définitions variables des différents domaines académiques, des curricula, de l'intelligence et de la réussite ; (b) les slogans et les contre-slogans impliqués dans les controverses au sein de l'éducation moderne ou au sein de celles que connaissent les mouvements anti-ségrégationnistes, les recherches scientifiques, les humanités ou que suscite la liberté académique ; (c) le rôle éducatif de métaphores telles qu'« échelle de leadership », « les différentes filières du curriculum » et « le contrôle de l'apprentissage » – une métaphore transplantée de la psychologie. L'analyse en profondeur de tels problèmes, mettant les assertions en question en relation avec d'autres appartenant à des discours voisins et avec leur contexte éducatif, peut non seulement servir à faire ressortir nettement des enjeux pratiques qui réclament des décisions, mais aussi à rendre possible l'évaluation de la valeur théorique des notions impliquées.

Dans la deuxième partie de l'étude, nous nous sommes concentrés en détail sur l'idée d'enseignement, afin de discuter certaines caractéristiques de base de l'activité et de le relier à certains traits généraux de la recherche en éducation. Nous avons conclu cette partie de l'étude en distinguant trois formes fondamentales d'enseignement et en proposant une comparaison développée entre « enseigner » et « dire », avec le souci d'insister sur certains problèmes relevant de l'éducation morale. Notre but était non seulement de jeter une certaine lumière sur l'acte d'enseigner comme on l'entend normalement, mais aussi de suggérer combien un traitement analogue des discussions sur les curricula pourrait avoir d'utiles conséquences pratiques en éclairant les buts et les principes.

Différents aspects de notre discussion de l'enseignement méritent, au point où nous en sommes, d'être rappelés, compte tenu de leur intérêt général. Nous avons insisté sur le fait que l'enseignement était une notion considérablement plus étroite que celle de stimulation des formes de comportement ou de croyance, qu'elle induit certaines restrictions portant sur la manière de procéder, restrictions qui réclament la reconnaissance du sens des raisons propres à l'élève. L'enseignement ne peut ainsi, avons-nous suggéré, être assimilé à des notions psychologiques comme celle d'« établir les conditions auxquelles l'apprentissage sera le plus efficace », ni à des notions de science sociale comme « acculturation » ou « transmission du contenu d'une culture ». Ces dernières notions peuvent être légitimes dans certaines investigations scientifiques mais elles brouillent les distinctions dans la manière de procéder qui sont fondamentales pour l'évaluation morale des politiques éducatives.

Qui plus est, nous avons distingué les emplois « de succès » des emplois « intentionnels » de la notion d'enseignement et montré comment certaines controverses dérivent en partie du manque d'attention accordé à ces distinctions. Nous attachant aux emplois intentionnels du verbe « enseigner », nous avons interprété l'enseignement ainsi vu comme une activité, tout en excluant que celle-ci puisse pour autant être assimilée, en termes comportementalistes, à une forme de mouvement corporel. Nous avons de plus avancé l'idée qu'on peut montrer l'inadéquation d'une telle assimilation par d'autres voies et qu'apprendre à enseigner ne peut pas non plus être réduit à la maîtrise de certaines formes caractéristiques de mouvement.

Le succès de l'enseignement, avons-nous dit, dépend de facteurs extérieurs aux efforts de celui qui tente d'enseigner, et on peut rechercher des règles susceptibles de rendre cette tentative plus efficace. De telles règles sont, dans le cas de l'enseignement, comme dans celui de la situation où on est à la recherche d'une théorie scientifique fructueuse, au mieux non exhaustives quoiqu'utiles, capables d'améliorer nos efforts sans être capables de garantir leur succès. Améliorer l'art pratique de l'enseignement en lui apportant la ressource de règles appropriées constitue l'une des tâches principales de la recherche en éducation, celle-ci étant conçue non point comme l'objet d'une science et d'une seule, mais comme située au croisement de différents domaines scientifiques.

Le degré auquel l'enseignement est sous-tendu par la recherche scientifique constitue un élément important dans la détermination de son statut professionnel. Le développement continu d'une telle recherche et son application à la pratique de l'enseignement dépendent non seulement du développement autonome des sciences concernées mais aussi de la volonté durable d'appliquer de telles sciences à la pratique. Il dépend aussi, comme nous l'avons suggéré, des vocations distinctes des maîtres et des chercheurs et de leur compréhension mutuelle en ce qui concerne leurs buts respectifs.

Notre comparaison entre enseigner et dire nous a amenés à les distinguer, en dépit de leurs relations étroites dans le cadre de la pratique. Nous avons suggéré que le discours contenant la notion d'enseignement devait être analysé afin de distinguer « enseigner que », « apprendre à » ou « enseigner comment ». Nous avons insisté sur le fait que l'élément normatif des phrases avec « enseigner que » (comme « apprendre que l'on doit payer ses dettes ») était la source d'une ambiguïté particulière entre interprétation active et interprétation non-active, selon que l'on considère ou non que la conformité de la conduite à la norme est un critère de réussite de l'enseignement. Cette ambiguïté, avons-nous dit, est dangereuse dans la sphère de l'éducation morale, en ce qu'elle encourage la confusion entre exhortation verbale et développement effectif du caractère moral.

« Apprendre à » (*to teach to*), avons-nous remarqué, implique une certaine sorte de généralité que ne requiert pas « dire de » (*to tell to*), bien que l'un et l'autre demandent à être complétés par des impératifs. De tels impératifs ne peuvent en conséquence être analysés comme des commandements ou des ordres spécifiques. « Dire de » peut impliquer de tels ordres, exigeant qu'on les exécute immédiatement, alors que par l'acte d'« apprendre à », on cherche à développer des structures d'action à la fois stables et générales.

Cependant, de telles structures d'action, comme nous l'avons suggéré, n'épuisent pas le contenu de l'éducation morale. Car apprendre à être honnête n'implique pas dans tous les cas l'apprentissage de la proposition que l'on doit être honnête, l'acquisition d'une croyance de type moral, l'inclination à agir honnêtement en fonction de cette conviction morale. Cette distinction est fondamentale pour l'éducation car l'ignorer revient à s'exposer au risque de confondre le fait d'apprendre à être honnête avec celui d'apprendre des règles de sécurité ou des formes conventionnelles de courtoisie et la reconnaître c'est aussitôt se trouver confronté au délicat problème éducatif qui tient à ce qu'on tente de développer de front des structures d'action et une réflexion impartiale sur ces structures.

En ce qui concerne les impératifs, nous avons soutenu que certains sont radicalement déraisonnables en ce qu'ils demandent des choses que personne n'est susceptible de décider de faire et que d'autres le sont, en un sens plus faible, en ce qu'ils demandent à quelqu'un de faire ce qu'il ne peut pas, sur le moment, décider de faire. Cet aspect déraisonnable – au sens faible – peut résulter de carences dans l'enseignement antérieur et, corrélativement, là où on enseigne comment de manière effective, tout un ensemble d'impératifs deviennent raisonnables pour la première fois. Il apparaît ainsi que les impératifs ne peuvent prétendre être une méthode d'enseignement mais qu'ils dépendent, quant à leur usage raisonnable, d'un enseignement antérieur.

Nous avons enfin soutenu que l'acte d'« enseigner comment » visant à faire acquérir des capacités se distingue de celui d'« apprendre à » qui vise à faire acquérir des normes, et nous avons suggéré que le fait d'étendre la portée du premier aux dépens de celle du second revient souvent à évacuer la responsabilité portant sur les normes d'action par lesquelles l'enseignement est en fait finalisé. Traduire les propositions curriculaires, dans les cas où cette distinction est pertinente, en l'une ou l'autre des formes évoquées, est un moyen d'identifier les enjeux impliqués. De façon semblable, faire intervenir les trois formes schématiques d'« enseigner » dans d'autres discussions portant sur les curricula peut nous aider à clarifier nos buts et à évaluer les décisions en jeu.

À l'image des stratégies générales présentées dans la première partie du livre, les considérations qui font l'objet de la seconde partie se prêtent à des applications portant sur des cas qui ne sont pas discutés ici. La question de la manière de procéder impliquée par la notion d'enseignement, par exemple, peut être reprise en s'attachant cette fois à d'autres conceptions alternatives de l'enseignement que celles, psychologiques et sociologiques, évoquées plus haut. Les distinctions entre usage « intentionnel » et usage « de succès », entre règles exhaustives et non exhaustives, entre interprétations actives et non actives et entre impératifs raisonnables et déraisonnables peuvent également être appliqués à une variété d'enjeux éducatifs qui n'ont pas été traités ici.

Comme dans la première partie du livre, les exemples que nous *avons* effectivement traités ont également, de façon directe, leur propre intérêt éducatif. Ainsi, par exemple, notre critique des interprétations « béhavioristes » de l'éducation et de la formation des maîtres, notre insistance sur la reconnaissance du sens des raisons que possède l'élève, le traitement que nous avons réservé à la recherche en éducation et nos analyses de l'éducation morale touchent à différents enjeux importants de la théorie de l'éducation.

Existe cependant tout un ensemble de questions qui attendent une investigation, non point au sens où il faudrait appliquer les notions développées ici, mais plutôt au sens où il conviendrait d'explorer un domaine différent, quoique relié à celui que nous avons abordé. D'autres idées éducatives demandent elles aussi de façon pressante qu'on les analyse. Ainsi, par exemple, les notions de discipline, de maturité, d'apprentissage, de compréhension et d'explication, qui flirtent avec la philosophie de l'esprit comme avec la philosophie de la connaissance, demandent à être examinées dans une perspective éducative. De même, les notions d'autorité, de responsabilité, d'institutionnalisation des conduites, qui flirtent avec la philosophie morale aussi bien qu'avec la philosophie sociale, pourraient avec fruit être abordées du point de vue des préoccupations éducatives.

De telles recherches, au même titre que les applications mentionnées plus haut, peuvent tout à fait conduire à réviser ou à affiner les conceptions présentées dans le cours de cette étude. Ces conceptions, il faut le répéter, sont présentées constamment comme des hypothèses qui ne prétendent pas à une valeur absolue, pas plus qu'elles ne prétendent être évidentes par elles-mêmes ou définitives, avec l'espoir qu'elles permettront d'approfondir l'analyse des problèmes d'éducation.

Table des matières

Achevé d'imprimer en France
le 11 septembre 2003
sur les presses de

52200 Langres - Saints-Geosmes
Dépôt légal : septembre 2003 - N° d'imprimeur : 5197